JN294274

五感の力でバリアをこえる

わかりやすさ・ここちよさの追求

成松一郎
narimatsu ichiro

ドキュメント UD
大日本図書

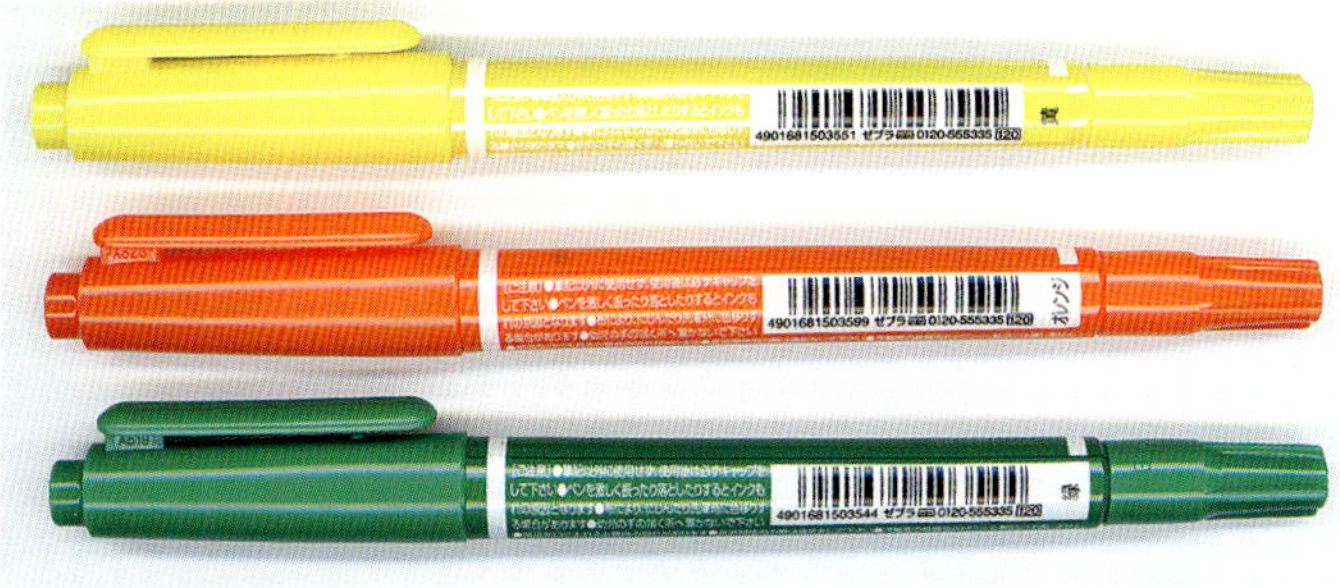

色名表示《ひょうじ》のあるペン。色弱《しきじゃく》の人の色の見え方は、一般《いっぱん》の人と異《こと》なるため、色名が書いてあると便利です。〈第一章〉

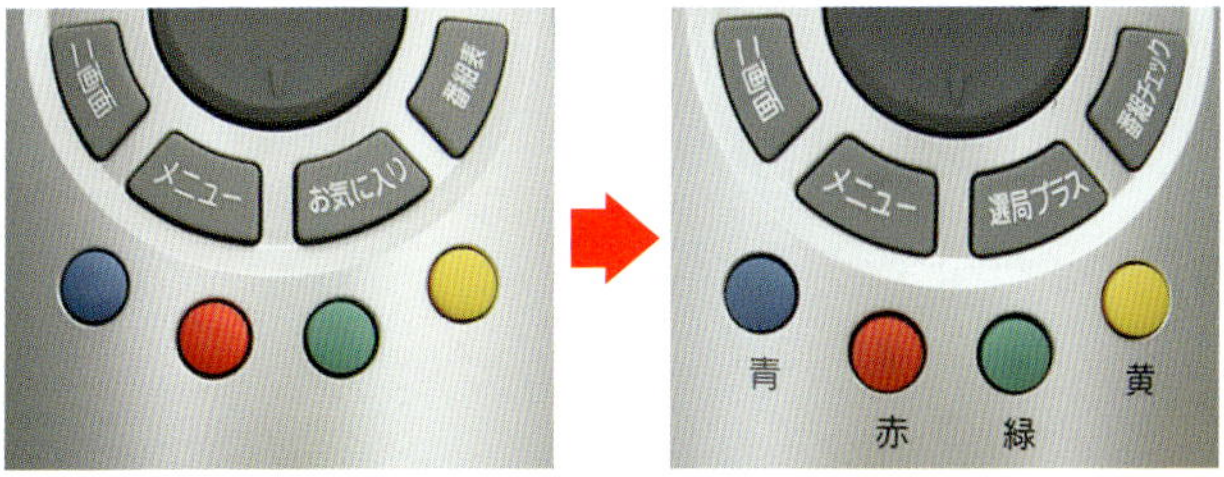

地上波デジタル放送対《たい》応《おう》テレビのリモコン。以前はボタンに色名表示《ひょうじ》はありませんでしたが、「青」「赤」「緑」「黄」の文字を入れるようになりました。〈第一章〉

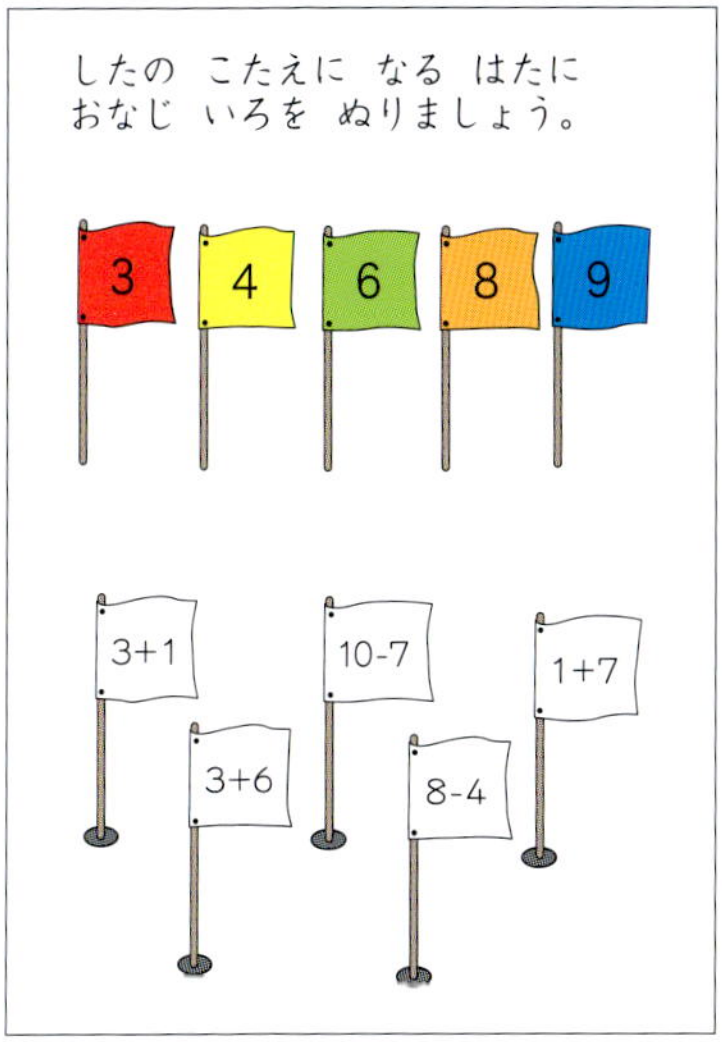

この問題の出し方では、色弱《しきじゃく》の子どもは答えの数字の旗の色が特定《とくてい》できません。〈第一章〉

［主要都府県の人口変化］

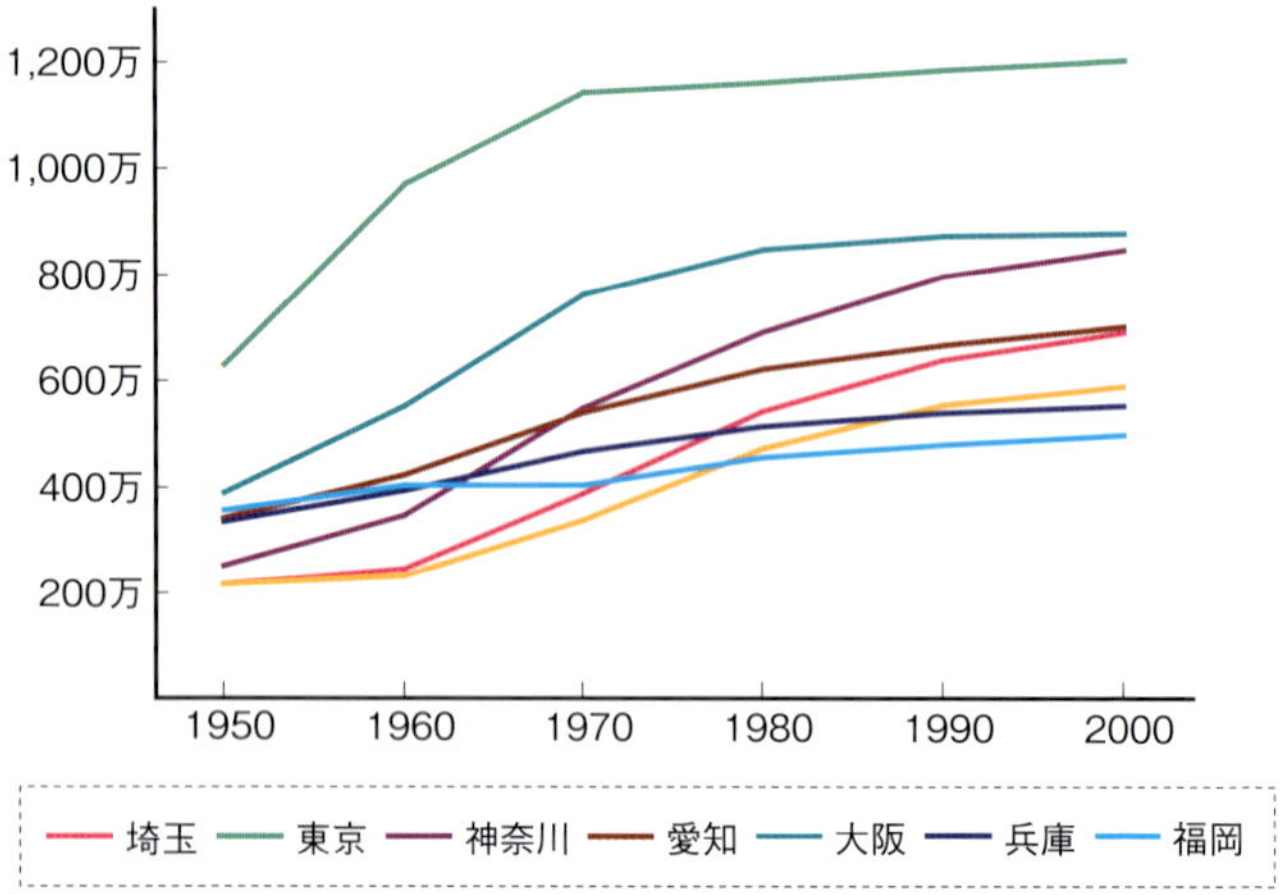

［主要都府県の人口変化］

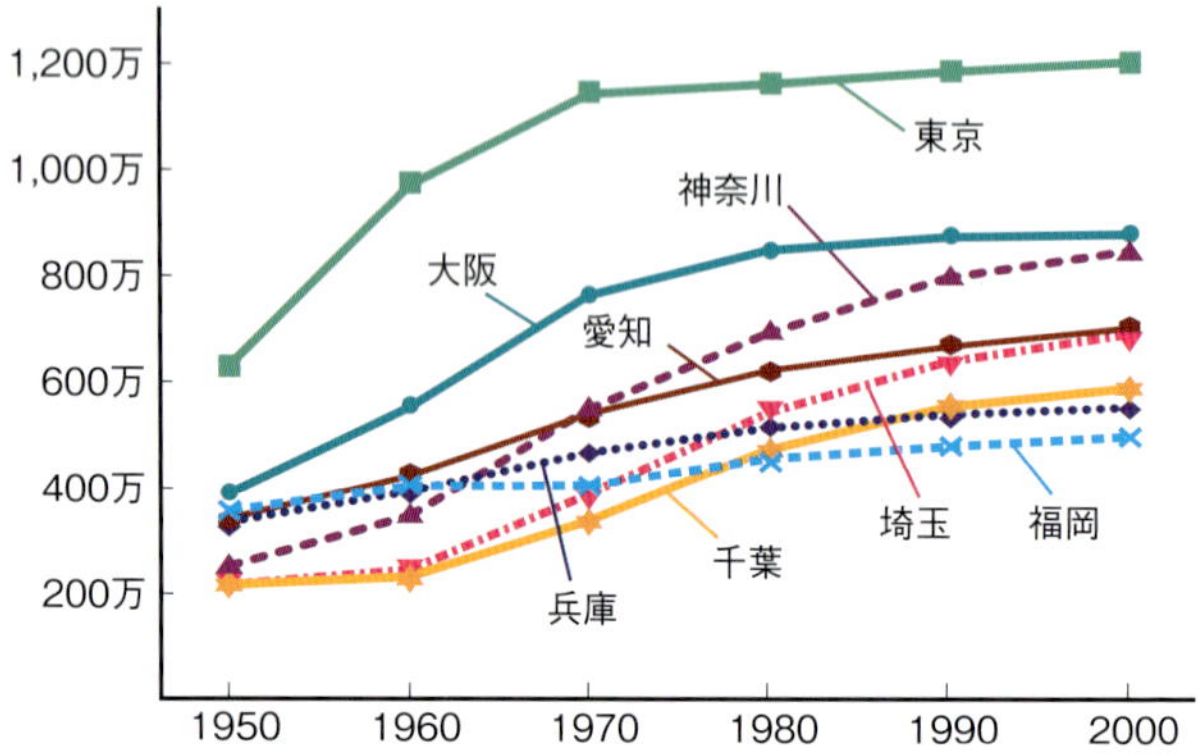

上のグラフのように色だけで区別せず、引き出し線を入れたり、折《お》れ線《せん》のマークを変えると、色弱《しきじゃく》の人にも一般《いっぱん》の人にも見やすくなります。〈第一章〉

一般《いっぱん》の人（C《シー》型）の、視細胞《しさいぼう》にあるL《エル》（赤）錐体《すいたい》、M《エム》（緑）錐体《すいたい》、S《エス》（青）錐体《すいたい》の光の感じ方と、色の見え方。〈第一章〉

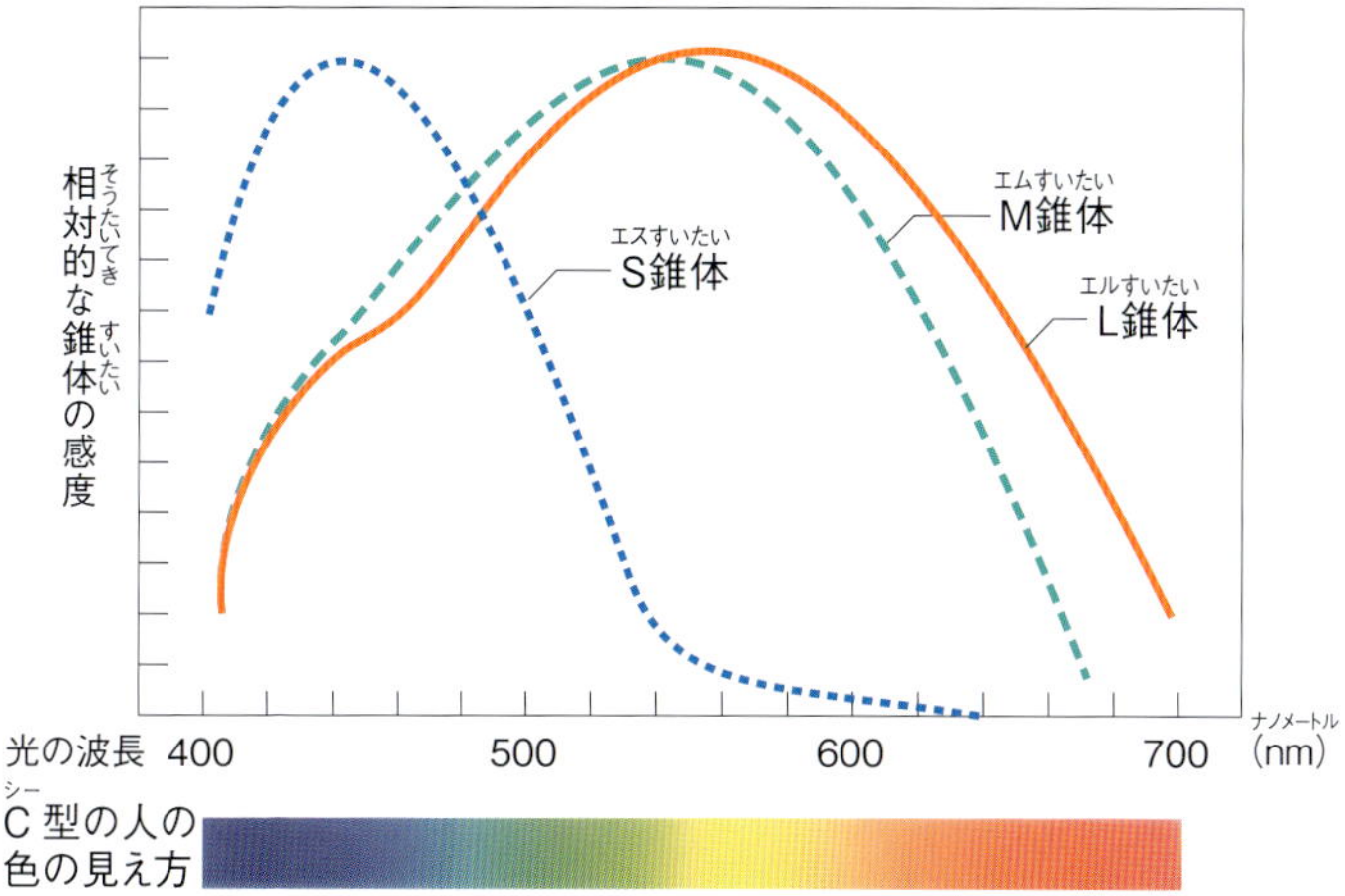

それぞれのタイプの色の見え方とその人数の割合《わりあい》。〈第一章〉

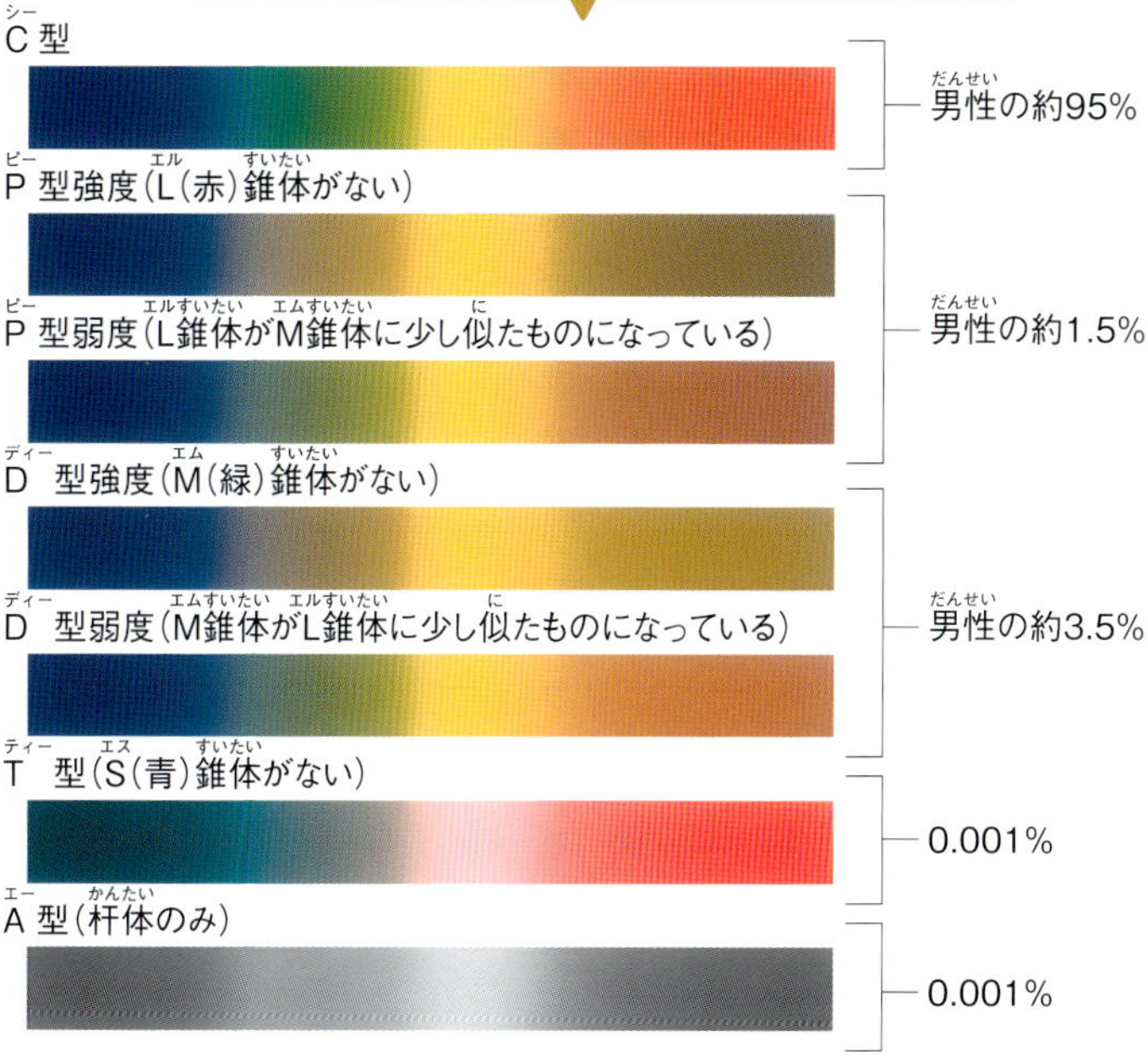

それぞれのタイプの色の見え方。C《シー》型の人には見分けやすい色も、P《ピー》型、D《ディー》型の人には同じような色に見えます。〈第一章〉

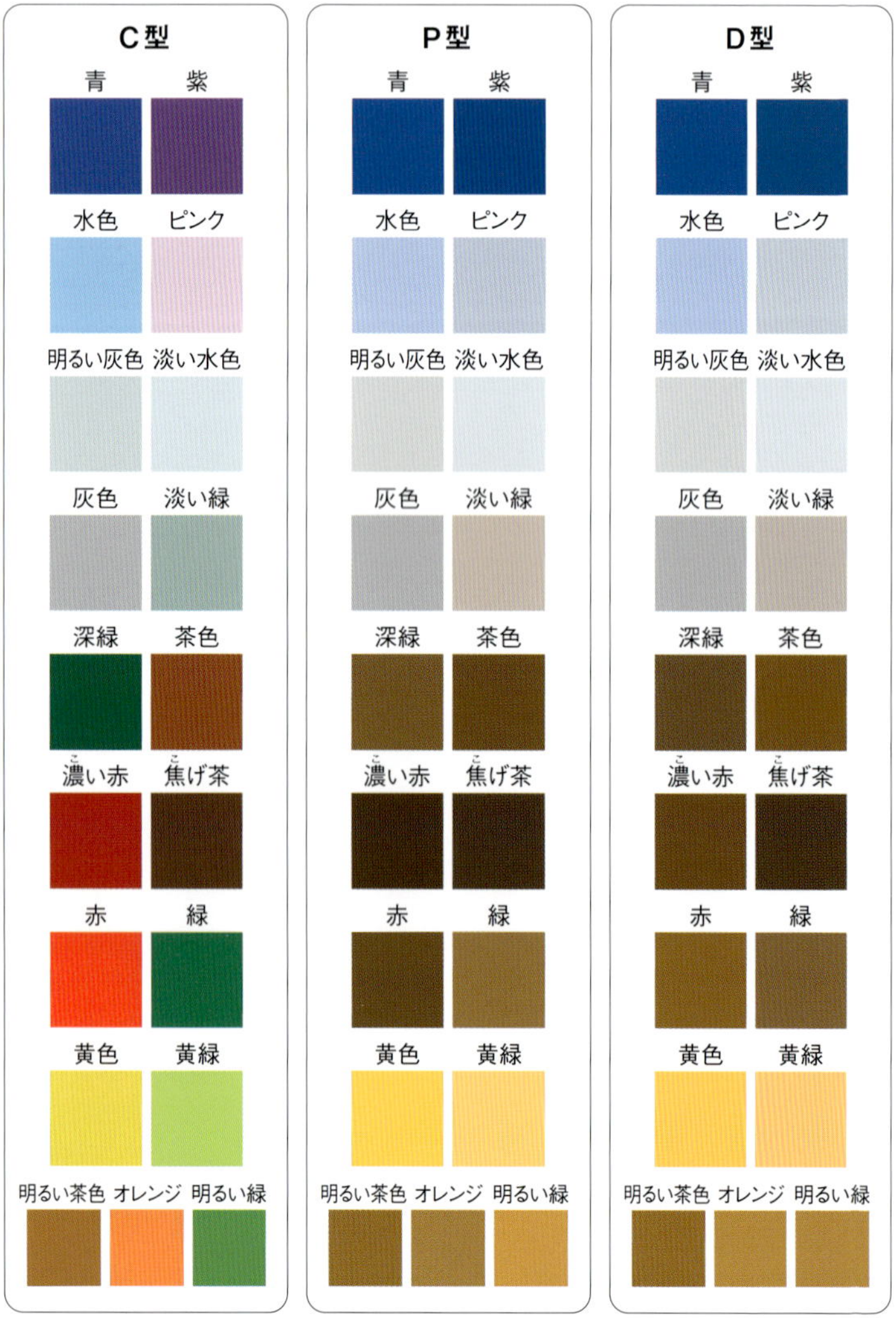

神経標本《しんけいひょうほん》の写真 ▶

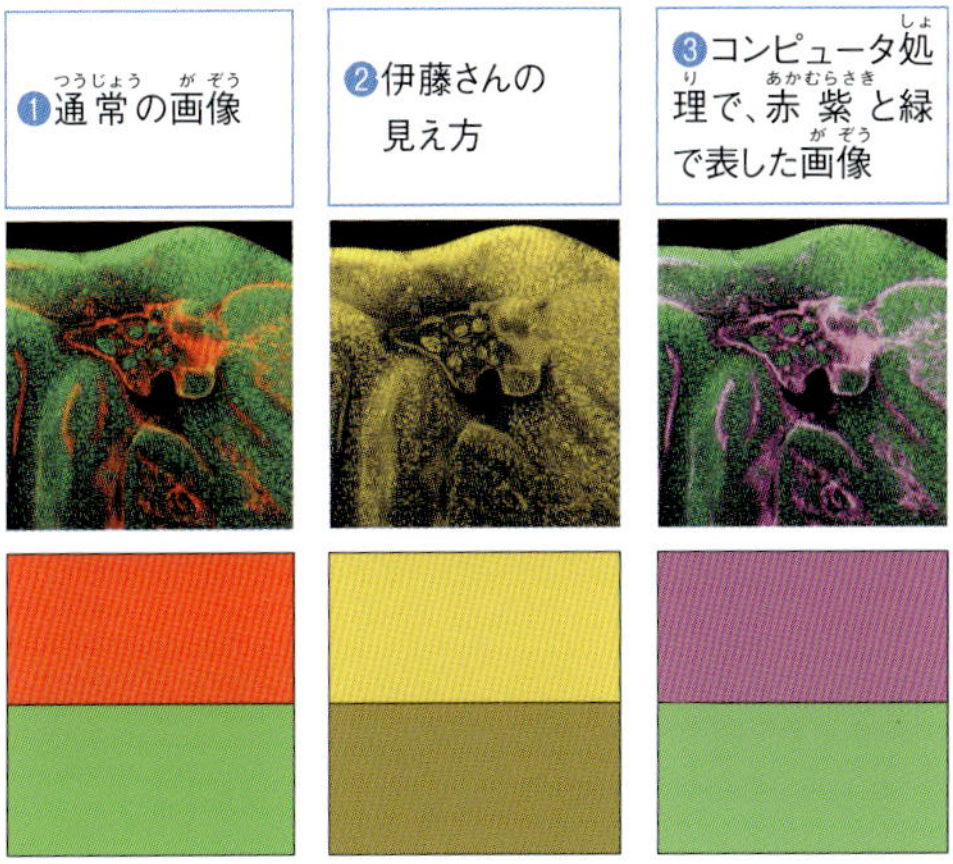

伊藤啓《いとうけい》さんが仕事で使う標本《ひょうほん》写真。コンピュータでわかりやすい色の組み合わせに変更《へんこう》できます。〈第一章〉

©CAN/正明堂印刷

路線の色に色名を表示《ひょうじ》し、路線図内にも線名を入れた地下鉄の路線図。〈第一章〉

COLOR UNIVERSAL DESIGN

だれもがわかりやすい色づかいの商品につけられるCUD《シーユーディー》マーク。〈第一章〉

ろうの上に書いた文字をさわって読む「ろう盤《ばん》文字」。とかして何度でも使うことができます。〈第三章〉

広瀬浩二郎《ひろせこうじろう》さんが企画《きかく》した国立民族学博物館の企画展《きかくてん》のパンフレット。表面に点字《てんじ》が印刷されています。〈第三章〉

日本で点字が使われるようになる前の「さわる文字」

結び目を境《さかい》にして、大小2種類のガラス玉の数のちがいで文字を表した「通心玉《つうしんだま》」。〈第三章〉

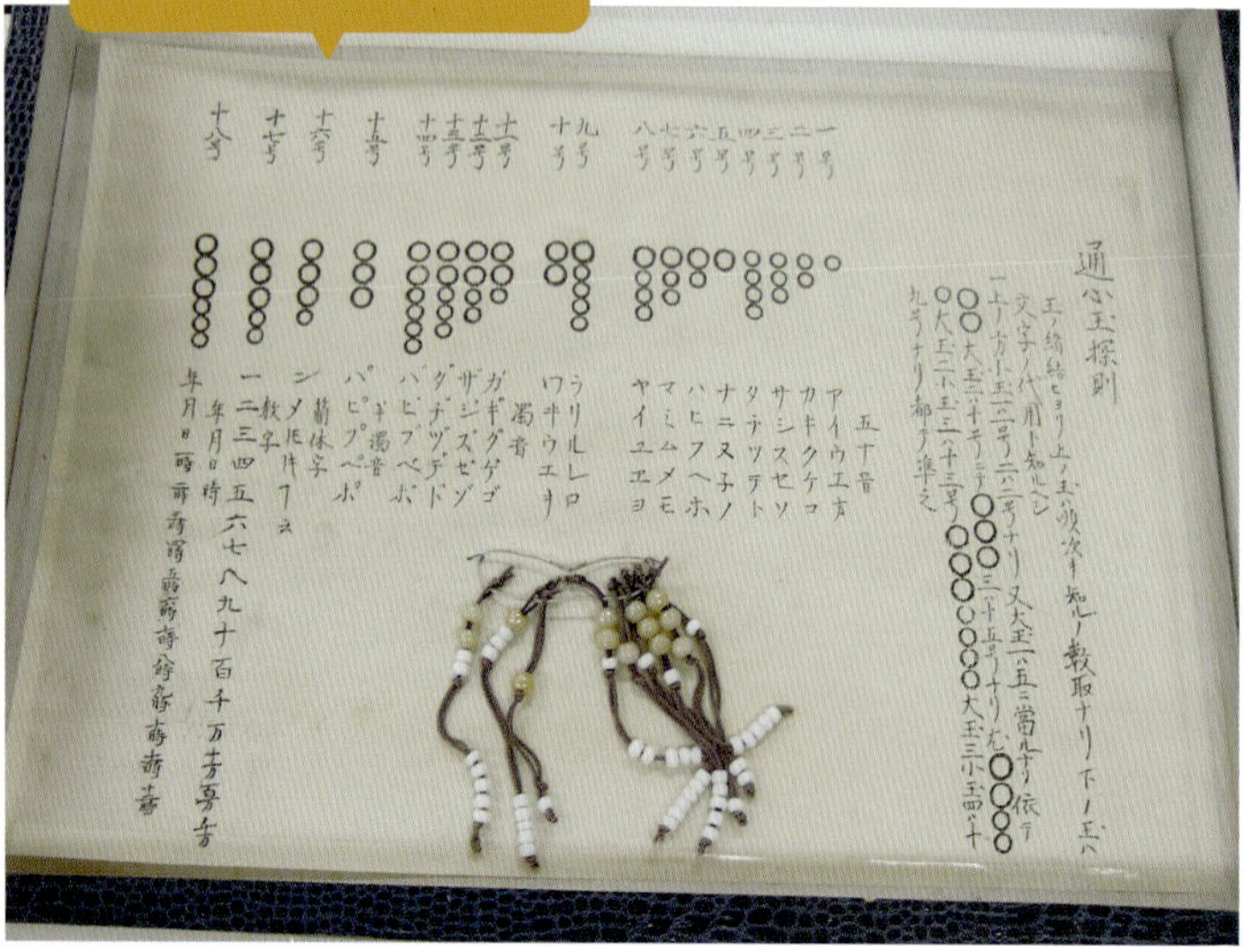

カタカナが浮《う》き出ている凸《とつ》字《じ》の教科書。〈第三章〉

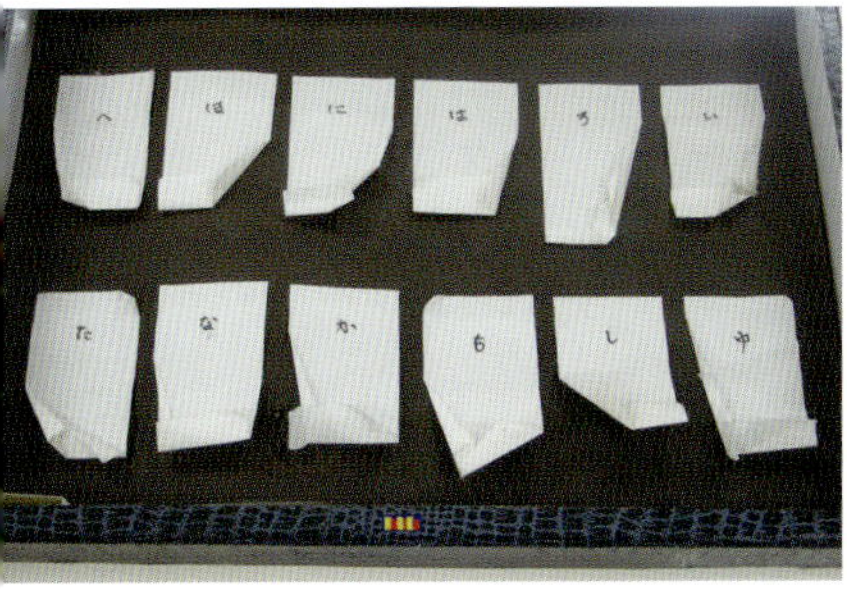

紙の隅《すみ》の折《お》り方《かた》のちがいで文字を表した「折《お》り紙《がみ》文字」。〈第三章〉

「こより」で文字の形を作り、のりではりつけた「こより文字」。〈第三章〉

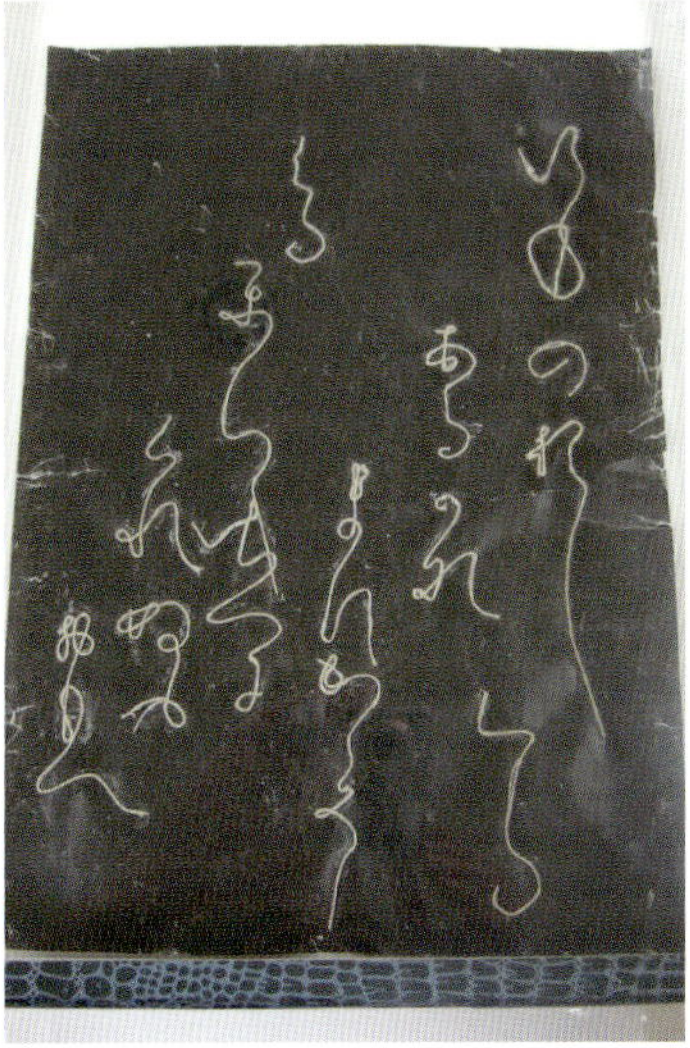

知的障害《ちてきしょうがい》や、自閉症《じへいしょう》の人でも読みやすいように作られた、写真や「PIC《ピック》」とよばれるピクトグラムでわかりやすく表現《ひょうげん》した「LL《エルエル》ブック」。〈第二章〉

街中の標識《ひょうしき》など、ピクトグラムはだれにでもわかりやすく情報《じょうほう》を伝えます。〈第二章〉

みずからが考案した、盲《もう》ろう者が使える電話「ヘレンケラーホン」の実験をする長《は》谷《せ》川《がわ》貞《さだ》夫《お》さん。〈第四章〉

近藤武夫《こんどうたけお》さんが、不快《ふかい》な音などを聞いたときの脳《のう》の血流量を調《ちょう》査《さ》したときのようす。〈第五章〉

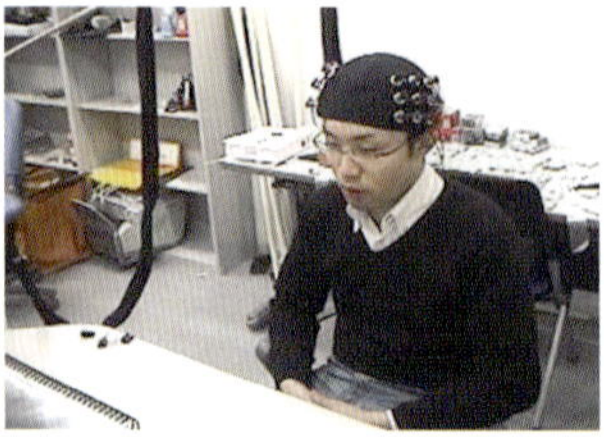

はじめに

感覚のふしぎを旅しよう

みなさんは、「五感」という言葉を知っていますか？

人間や動物には次の五つの感覚がそなわっていることが、大昔からよく知られています。

視覚《しかく》（見る）、聴覚《ちょうかく》（聞く）、触覚《しょっかく》（さわる）、味覚（味わう）、嗅覚《きゅうかく》（においをかぐ）、の五つです。

みなさんはふだんあたりまえのように、この五感をはたらかせながら、日常《にちじょう》生活を送っていると思います。

しかし、みなさんはこの五感全部をフルに活用していますか？　なかなかそうはいかないかもしれません。どの感覚をいちばん使っているかといえば、やはり「見る」ことに偏《かたよ》っているのではないでしょうか。

勉強する、スポーツをする、テレビを見る、ゲームをする、

携帯《けいたい》電話でメールをする……。みなさんの生活の中で、「見る」ことがなんと多いことでしょうか。

「見る」ことに心底《しんそこ》慣《な》れてしまっているみなさんは、もし突《とつ》然《ぜん》停電になったら、真《ま》っ暗闇《くらやみ》をこわいと感じるでしょう。しかし、少し暗さに慣《な》れてきて、心が落ち着いてくると、ふだんはあまり意識《いしき》していないことにも気づくのではないでしょうか。たとえば、外からきれいな虫の音が聞こえてきたり、手で壁《かべ》をつたったときの感触《かんしょく》に気づいたりするかもしれません。

この本では、五感のうち、日ごろあまり意識《いしき》することのない感覚のおもしろさを紹介《しょうかい》します。また、その人がもっとも情報《じょうほう》を受け取りやすい感覚を使うための方法を考えている人たちの活動を紹介《しょうかい》します。

第一章は、色を感じる感覚「色覚《しきかく》」が人によってちがいがあることを、第二章では、言葉を使うことが苦手な知的障害《ちてきしょうがい》や

自閉症《じへいしょう》の人たちと、ピクトグラムなど視覚的《しかくてき》な表現《ひょうげん》方法を使ってコミュニケーションをとること、第三章では、視覚《しかく》のかわりに触覚《しょっかく》を使っている「触常者《しょくじょうしゃ》」である全盲《ぜんもう》の研究者のユニークなワークショップなどを紹介《しょうかい》します。第四章では、視覚《しかく》と聴覚《ちょうかく》が不自由な盲《もう》ろうの人が使える電話「ヘレンケラーホン」を考案した全盲《ぜんもう》の元盲学校《もうがっこう》教諭《きょうゆ》の長年の取り組み、そして第五章では、ある感覚が人よりもするどい特性《とくせい》をもつアスペルガー症候群《しょうこうぐん》の人と、彼《かれ》らがどうしたらここちよく過《す》ごせるかを追求している研究者を紹介《しょうかい》します。

さて、ここまでみてきたように、この本には、さまざまな障害《しょうがい》や特性《とくせい》をもった人たちが登場します。

一般的《いっぱんてき》に、障害《しょうがい》のある人が登場する本というと、みずからの障害《しょうがい》を乗《の》り越《こ》えて活躍《かつやく》している人を紹介《しょうかい》するドキュメンタリーだったり、障害《しょうがい》のある人を支援《しえん》するボランティア活動をよ

びかけるようなものが多く出版《しゅっぱん》されています。

しかし、わたしがこの本を書こうと思ったのは、「福祉《ふくし》」の大切さを説いたり、「ボランティア」活動をすすめるためではありません。

どんな人にも、さまざまな感覚が、生来《せいらい》そなわっています。まずはみなさんに、自分のもっている感覚のふしぎさや可能《かのう》性《せい》に気づいてほしいと思っています。

そして、一人ひとり異《こと》なる「感覚の多様性《たようせい》」と出会い、それぞれの人がどのように、どんな「バリアをこえる」ための取り組みをしているのかを、知っていただけたらと願っています。

五感の力でバリアをこえる

わかりやすさ・ここちよさの追求

もくじ

ドキュメントUD

1 色の見え方は人それぞれ

カラーユニバーサルデザインは
みんなが見やすい

ペンに色の名前が書いてあるのはなぜ？

みなさんが持っているサインペンやマーカーペンを、よく見てみてください。「緑」「オレンジ」「紫《むらさき》」「ピンク」「青」など、多くのペンには、そのペンの色の名前が書かれていることに気づきませんか？（3ページ参照）

同じように、デジタル放送に対応《たいおう》したテレビのリモコンには、「青」「赤」「緑」「黄」のボタンに、それぞれの色の名前が書かれています。これは、デジタル放送で、視聴《しちょう》者《しゃ》が電子《でんし》番組表の操作《そうさ》などに使うボタンです（3ページ参照）。

「見ればわかるのに、どうして色の名前が書いてあるの？」と思う人もいるかもしれません。

「以前は、色の名前が書かれたペンは、ほとんどありませんでした。必要ないと思う人が圧倒的《あっとうてき》に多いですよね。でも、色の名前が書いてあると、わたしにはとても便利なんです」

こう話すのは、一九六三年生まれの伊藤啓《いとうけい》さんです。

伊藤さんは、大学の分子《ぶんし》生物学研究所で、ショウジョウバエという、長さが一ミリメートルくらいしかないハエの、脳《のう》の情報処理機能《じょうほうしょりきのう》と、遺伝子《いでんし》のメカニズムについて研究している生物学者です。

ショウジョウバエは、飼育《しいく》がしやすいことや、遺伝子《いでんし》の分析《ぶんせき》が進んでいることから、生物学の研究ではよく使われるハエです。ショウジョウバエという名前は、その代表的な種の目が赤い色をしていることと、お酒を好んで集まるところから、顔の赤い、酒飲みの妖怪《ようかい》「猩々《しょうじょう》」にちなんでつけられたといわれています。

しかし、伊藤さんには、ショウジョウバエの目は、鮮《あざ》やかな赤色には見えないのです。じつは、伊藤さんは、「色弱《しきじゃく》」といって、色の見え方が、一般《いっぱん》の人とは異《こと》なる特性《とくせい》をもっているのです。伊藤さんは、こう言っています。

「わたしが日常《にちじょう》生活で、もっとも困難《こんなん》を感じるのは、ものの色の名前を言うことと、だれかに言われた色を、多くの色の中から見つけることですね」

黄色と黄緑の蛍光《けいこう》ペンは、伊藤さんには、ほとんど同じ色に見えます。また、水色とピンク色も、見分けがつきにくいのです（6ページ参照）。ですから、伊藤さんにとっては、ペンにその色名が、文字で書いてあると便利なのです。

「色弱《しきじゃく》というと、色がまったく理解《りかい》できないと勘《かん》ちがいしている人が少なくありません。しかし、色は明るさや鮮《あざ》やかさがちがうので、たとえば二十四色の色えんぴつが並《なら》んでいれば、全部ちがう色に見えます。でも、どれが何色と、一般《いっぱん》の人が言っているような色の名前を答えるのは難《むずか》しいのです。特定の色を探《さが》し出すことも苦手です」

たとえば、友だちに「そこの水色のペンを取って」と頼《たの》まれて、まちがえてピンク色のペンを渡《わた》したら、相手はけげんな顔をするでしょう。しかし、そのペンに「水色」と書かれていれば、伊藤さんはその文字を見て、まちがえずにペンを渡《わた》すことができるのです。

伊藤さんはそのことを、新聞のコラムに書きました。するとさまざまな反響《はんきょう》があり、

色の名前が書いてあるマーカーペン。

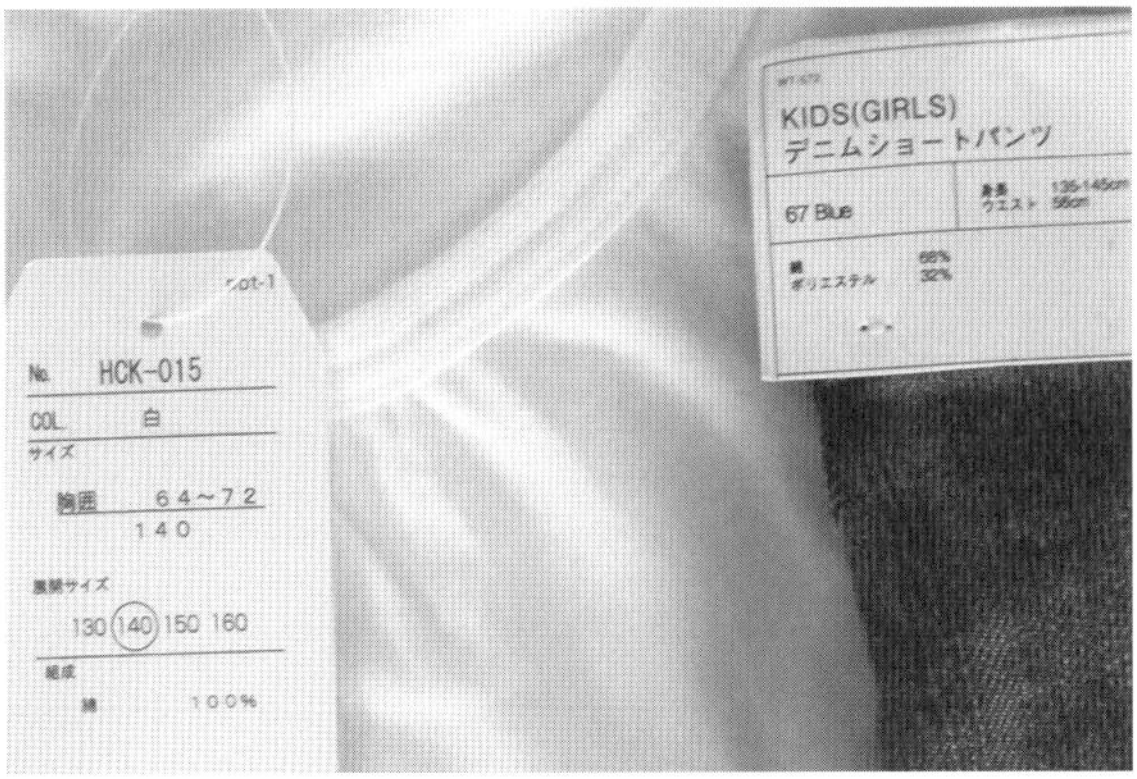

色の名前が書いてある、洋服のタグ（24ページ参照）。

現在《げんざい》では、日本のほとんどの文房具《ぶんぼうぐ》会社は、ペンに色名を書くようになったのです。

テレビのリモコンの四色のボタンも、伊藤さんとは別の色弱《しきじゃく》の人が、テレビメーカーなどにはたらきかけた結果、色名を書くようになったのです。

文房具《ぶんぼうぐ》や電化製品《せいひん》だけでなく、衣料品にも、色名表示《ひょうじ》がされているものがあります。

伊藤さんが一人で、たとえばセーターを買いに行くとき、こげ茶色のセーターがほしいと思っていたのに、まちがえて赤色のものを買ってしまうということがあるそうです（6ページ参照）。

しかし、いくつかの洋服のチェーン店では、洋服につけているタグに、色の名前も書いてあります（23ページ参照）。そのため、ほしいと思っていたセーターの色をまちがえることはありません。

「こんなちょっとした配慮《はいりょ》があれば、わたしのように一般《いっぱん》の人と色の見え方が異《こと》なる人も、ほんとうの色を知ることができます。予想外のまちがいをすることも少なくなりますよね」

「黄色い芝生《しばふ》のワンワン」

伊藤《いとう》さんが子どものころのことです。

伊藤さんは、柴犬《しばいぬ》のぬいぐるみのことを、「黄色い芝生《しばふ》のワンワン」とよんで、かわいがっていたそうです。そう聞くと、ちょっとほほえましい感じがします。

しかし、柴犬《しばいぬ》ですから、そのぬいぐるみの毛は、黄色ではなく、じつは茶色でした。

そして、芝生《しばふ》の色は、ふつう緑色です。

ところが伊藤さんの目には、大多数の人には緑に見える芝生《しばふ》の色も、犬の毛の色も、どちらも黄色に見えていたのです。そのため、そのぬいぐるみのことを「黄色い芝生《しばふ》のワンワン」と名づけたようなのです。

それを見て、伊藤さんの両親は、伊藤さんが「色をまちがえて」いることに気づいていたはずですが、直そうとはしませんでした。加えて、「この子は、みんなが見えているように色が見えなくて、かわいそうに」などとも、いっさい言わなかったそうです。

伊藤さんは生物学者らしく、動物の例をあげて、次のように話しました。

「人間は、カラスやカエルにくらべれば、もともと少ない色しか見えないんですよ。たとえば鳥は、紫外線《しがいせん》も見えるんですから。

しかし、人間よりカラスのほうが色がたくさん区別できるからといって、だれもカラスを『うらやましい』とは思いませんよね。あるいはカラスとくらべて、自分はカラスみたいにたくさんの色が見えないから『かわいそうだ』なんて思いませんよね。それは色弱《しきじゃく》の人もいっしょなんです」

色弱《しきじゃく》の人は、一般《いっぱん》の人と見え方はちがっても、自分なりに見えている色で、はっきり区別がついているそうです。たとえば、レモンの黄色とミカンの黄色はまったくちがって見えるし、緑と青緑もまったくちがって見える、などです。ですから、その意味では、不便はそれほど感じていないのです。

「それを、親や先生が、『かわいそう』って言うから、自分は『かわいそう』なんだって思いこんでしまう。まわりが『かわいそう』と言うことで、色弱《しきじゃく》の子どもは、落ちこんでしまうわけです」

伊藤さんは、色弱《しきじゃく》の人は「かわいそう」と言われたり、色をまちがえて笑われたりすることで、少なからず劣等感《れっとうかん》をもちやすいと言います。

しかし、伊藤さん自身は、伊藤さんの見え方をありのままに受け入れる両親のもとで、あまり劣等感《れっとうかん》を抱《いだ》くことなく成長したそうです。

えっ、こんなところにも? 学校の中の不便

さきほど、「伊藤《いとう》さんはショウジョウバエの目は鮮《あざ》やかな赤色に見えない」と言いました。35ページでくわしく説明しますが、伊藤さんは赤い光を感じる視細胞《しさいぼう》がないタイプ(P型《ピーがた》強度)の色弱《しきじゃく》なので、深紅《しんく》や濃《こ》い赤は、黒っぽい色に見えるそうです。

「たとえば、カレンダーはふつう、日曜日や祭日の数字を赤く、それ以外の数字を黒く印刷しますね。ところがわたしには、黒も赤も、ほとんど区別がつかないのです。か

えって、休日の赤より、土曜日の青のほうが目立って見えます」

と伊藤さんは言います。

みなさんが学校で毎日目にしている黒板とチョーク。学校の黒板の場合、黒や深い緑色をしているので、白い色のチョークを使うことが多いでしょう。しかし、大事なポイントなどを色分けして書く場合に、先生が赤いチョークを使うこともあるかもしれません。

しかし、伊藤さんのように黒と赤の区別がつきにくい人にとって、黒い黒板の上に赤いチョークで書かれていると、とても読みにくいわけです。

じつは、全国の小・中学校の先生と、学校医向けに配られている『色覚《しきかく》に関する指導《しどう》の資料《しりょう》』という小冊子《しょうさっし》があります。これは、先生が黒板に文字を書くときに、色弱《しきじゃく》の生徒にもわかりやすいように、色づかいや書き方の注意点が書かれたものです。

チョークの色づかいについては、次のように書かれています。

「白と黄のチョークを主体に使います。黒板上に赤、緑、青、茶色などの暗い色のチョークを使用すると、見えにくいため、避《さ》けるようにします」

また、次のような書き方の注意点も載《の》っています。

「あえて、白と黄以外の色チョークを使用する場合には、アンダーラインや囲みをつけるなどの色以外の情報《じょうほう》を加えます。色チョークを使用する場合は、太めの文字や線で、大きく、はっきり書き、色名を伝え、白チョークでアンダーラインや囲みをつけたり、色分けをした区域《くいき》には境界線《きょうかいせん》をはっきり示《しめ》し、文字や記号を併記《へいき》するなどの配慮《はいりょ》をします」

このような注意書きが配られているのですが、多くの先生にきちんと伝わっていないとすれば残念なことです。

学校の中で色弱《しきじゃく》の子どもたちが不便を感じることは、黒板の文字だけではありません。たとえば、算数の教科書に、次のような問題があったとします。3ページの図を見てください。「したの　こたえに　なる　はたに　おなじ　いろを　ぬりましょう」という問題です。

この問題を解《と》こうとするとき、色弱《しきじゃく》の子どもは、たし算ができたとしても、答えの数字の旗の色を特定することが難《むずか》しく、それと同じ色の色えんぴつを選べない場合があります。これでは、答えをまちがえたとき、たし算ができなかったのか、色を選べなかったのか、よくわかりません。

この問題の旗のところに、色の名前が書きそえてあったらどうでしょうか。書いてある色の色えんぴつで、白い旗を塗《ぬ》ればいいですね。31ページの図のようにです。

また、内容《ないよう》をわかりやすくするために作成されたグラフでも、色だけで区別すると、どれがどれなのか見分けることができない場合があります。

こういう場合は、グラフに引き出し線で「A《エー》」「B《ビー》」などと加えれば、色弱《しきじゃく》の人にもわかりやすいグラフになります（4ページ参照）。

黒板や教科書だけでなく、学校の中で配慮《はいりょ》すべき点は、ほかにもあります。

体育の授業《じゅぎょう》のチーム分けや登下校のコース分けなどで、ぼうしの色で組分けをしたとします。ぼうしの色に、色弱《しきじゃく》の子どもたちが見分けにくい色を使ったら、まぎらわしく

したの　こたえに　なる　はたに
おなじ　いろを　ぬりましょう。

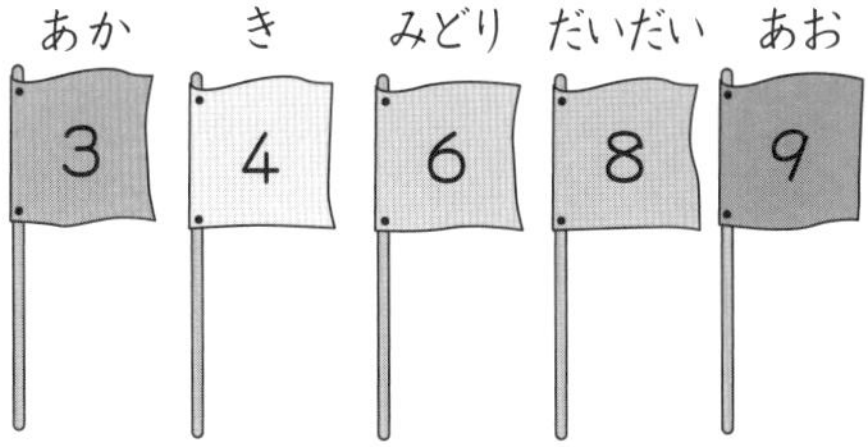

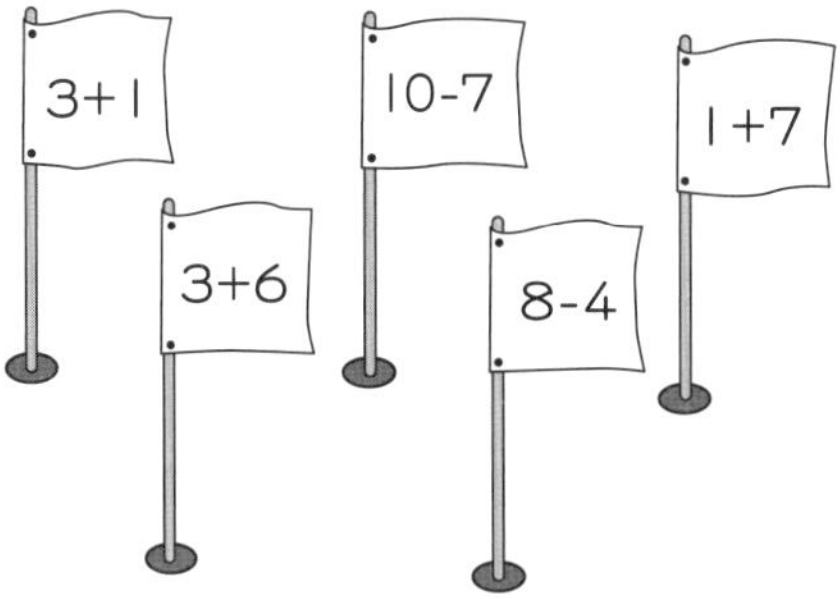

3ページの問題とくらべると、答えの数字が書いてある旗の上に、その旗の色の名前が書いてあります。

なってしまいます。

チームを四つ作る場合、「赤組・白組・青組・緑組」と分けてしまうと、色弱《しきじゃく》の人には赤と緑が見分けにくいことが多いのです。ですから、そういうときは、「赤組・白組・青組・黄組」の四チームにすれば、見分けやすくなります。

また、「色弱《しきじゃく》の人は、図工は不得意なの?」と思う人もいるかもしれません。伊藤さんに聞いてみました。

「小学校の図画工作の授業《じゅぎょう》のとき、わたしが木の枝《えだ》を緑に塗《ぬ》ったりすると、『見たとおりに塗《ぬ》りなさい』と、先生にしかられたことはありましたね」

しかし、伊藤さんには、それが「見たとおり」だったのです。

高校時代、美術《びじゅつ》の先生はデッサンを重視《じゅうし》していたので、伊藤さんはいつもクラスで一番で、美術部《びじゅつぶ》にスカウトされて入部しました。油絵で県の展覧会《てんらんかい》に入選したこともあるそうです。

「美術《びじゅつ》の場合、ほかの人と同じように色を塗《ぬ》らなければならないという決まりはないですよね。

海に沈《しず》んでいく夕日の絵を描《えが》いているとき、海を青く塗《ぬ》っているつもりが、紫《むらさき》で塗《ぬ》っていて、太陽を黄色く塗《ぬ》ったつもりで、黄緑に塗《ぬ》っていたことがあるんです。そうしたら、先生に『紫《むらさき》の海に緑の太陽か。シュールな絵だね』とほめられたことがありました。まあ、そのときは塗《ぬ》り直しましたが……」

伊藤さんは、なつかしそうにこんなエピソードを話してくれました。色の見え方と美《び》術《じゅつ》の才能《さいのう》は、まったく関係ないことがよくわかります。

色弱《しきじゃく》の人は「佐藤《さとう》さん」より多い

それでは、伊藤《いとう》さんのような色弱《しきじゃく》の人は、どのくらいいるのでしょうか。

日本人の場合、男性《だんせい》では二十人に一人（五パーセント）くらいといわれています。これは民族によって比率《ひりつ》が異《こと》なり、ヨーロッパやアメリカでは、男性《だんせい》の十二人に一人（八パーセント）になります。ヨーロッパの中でも、フランスや北欧《ほくおう》では、男性《だんせい》の十人に一人（十パーセント）いるといわれています。ところが、アフリカでは逆《ぎゃく》に少なくて、男《だん》性《せい》の五十人に一人（二パーセント）まで比率《ひりつ》が下がります。

遺伝子《いでんし》の関係で、女性《じょせい》の場合はずっと少なく、欧米《おうべい》の女性《じょせい》では二百人に一人、日本の女性《じょせい》では、五百人に一人といわれています。

日本全国では、男性《だんせい》が三百万人くらい、女性《じょせい》は十数万人が色弱《しきじゃく》だと考えられています。じつは、「佐藤《さとう》」や「鈴木《すずき》」という名字の人は、日本にそれぞれ約二百万人いるといわれています。みなさんが知り合いの佐藤さんを思いうかべるとすると、それ以上の比《ひ》率《りつ》で、色弱《しきじゃく》の人がいるということになります。世界全体では、色弱《しきじゃく》の人は約二億《おく》人くらいと推定《すいてい》されています。

ところで、本や資料《しりょう》によっては、「色弱《しきじゃく》」ではなく、「色覚異常《しきかくいじょう》」、「色覚障害《しきかくしょうがい》」という記述《きじゅつ》を見かけることがあります。だいぶ少なくなってきているようですが、これらの表現《ひょうげん》は正しくないと、伊藤さんは言い切ります。

「わたしたちは、色の見え方が一般《いっぱん》の人とちがうからといって、異常《いじょう》でも障害《しょうがい》でもありません。少数派《しょうすうは》と多数派《たすうは》というだけです」

血液型《けつえきがた》のちがいが、ちがいであって優劣《ゆうれつ》ではないことと、まったく同じです。「血液型《けつえきがた》がAB《エービー》型の人が、A《エー》型の人にくらべて人数が少ないからといって、異常《いじょう》とか障害《しょうがい》とか、そう見なされることはありませんね。それと同じ考え方です」

色の見え方のちがいは視細胞《しさいぼう》のちがい

では、なぜ色の見え方が、人によって異《こと》なるのでしょうか。

まず、目が見えるしくみは、よく、カメラにたとえられます。目にはカメラのレンズにあたる水晶体《すいしょうたい》があり、瞳《ひとみ》から入った光が水晶体《すいしょうたい》を通ったときに屈折《くっせつ》して、網膜《もうまく》で像《ぞう》を結びます。網膜《もうまく》は、カメラでいうとフィルムにあたります。網膜《もうまく》にたどり着いた光の情報《じょうほう》が、視神経《ししんけい》を通り、脳《のう》の中にある「視覚野《しかくや》」とよばれるところに届《とど》けられて、わたしたちは映像《えいぞう》を認識《にんしき》しています。

37ページの図を見てください。網膜《もうまく》には、「視細胞《しさいぼう》」という光を感じる細胞《さいぼう》が密集《みっしゅう》しています。この視細胞《しさいぼう》には、暗い場所ではたらく、感度の高い「杆体《かんたい》」という細胞《さいぼう》と、明るい場所ではたらく「錐体《すいたい》」という細胞《さいぼう》があります。

錐体《すいたい》には「S《エス》錐体《すいたい》」「M《エム》錐体《すいたい》」「L《エル》錐体《すいたい》」の三種類があります。

S《エス》錐体《すいたい》には、紫《むらさき》から青の光をおもに感じる物質《ぶっしつ》が入っています。M《エム》錐体《すいたい》には緑から橙《だいだい》の光、L《エル》錐体《すいたい》には黄緑から赤の光をおもに感じる物質《ぶっしつ》が入っています。

じつは、この三つの錐体《すいたい》を持っているかどうかは、遺伝子《いでんし》によって決まっています。三種類の錐体《すいたい》をすべて持っている人のことを「C《シー》型」とよびます。この「C《シー》」というのは、英語のCommon《コモン》の頭文字《かしらもじ》で、「一般型《いっぱんがた》」ということになります。C《シー》型にあたる人は、女性《じょせい》のほぼ全員、男性《だんせい》の約九十五パーセントにあたります。

L《エル》錐体《すいたい》、M《エム》錐体《すいたい》、S《エス》錐体《すいたい》のうち、どれか一つがない人、または錐体《すいたい》はあるが、そのはたらきが別の錐体《すいたい》のはたらきと近い場合が、色弱《しきじゃく》にあたります。

目の構造《こうぞう》と、視細胞《しさいぼう》の拡大図《かくだいず》。視細胞《しさいぼう》の中の、3種類の錐体《すいたい》で色を感じます。杆体《かんたい》は暗いところではたらき、明暗を感じます。

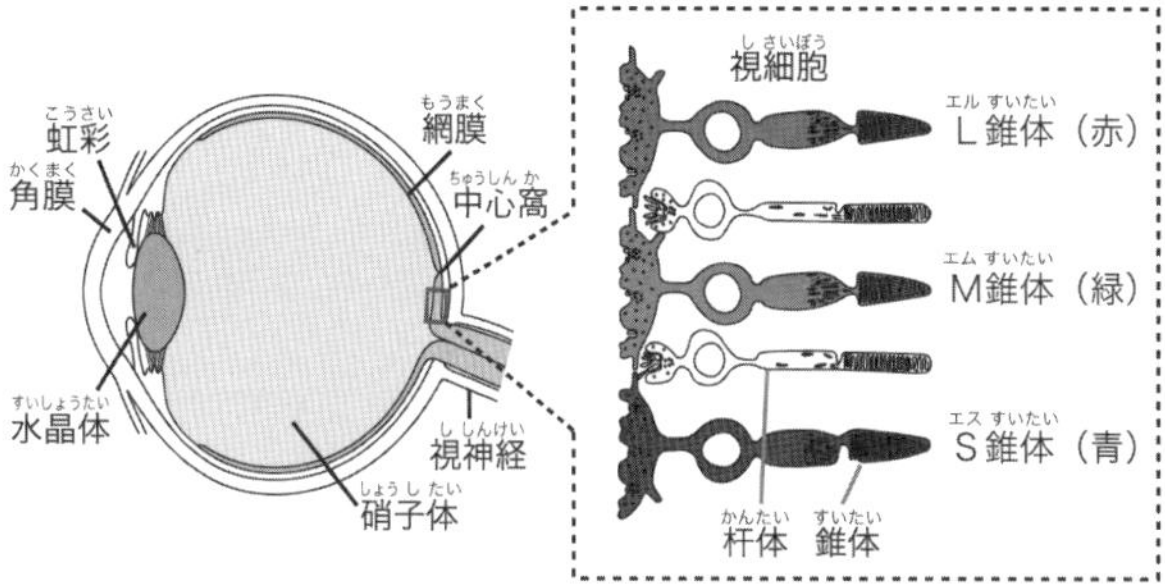

色の見え方のタイプと、錐体《すいたい》の種類・はたらき、人数の割合《わりあい》

		錐体《すいたい》の種類	割合《わりあい》
C型		L（赤）　M（緑）　S（青）	男性の約95%
P型	強度	M（緑）　S（青）	男性の約1.5%
	弱度	L（赤）→M（緑）　S（青）	
D型	強度	L（赤）　S（青）	男性の約3.5%
	弱度	L（赤）←M（緑）　S（青）	
T型		L（赤）　M（緑）	0.001%
A型			0.001%

※それぞれの型の色の見え方は、5ページ参照。
※「→」「←」は、はたらきが近いことを示《しめ》す。

おもに赤い光を感じるL錐体《エルすいたい》がまったくない人は、「P《ピー》型強度」とよばれ、赤が暗っぽく見えたり、緑と区別しにくかったりします。L錐体《エルすいたい》があっても、M錐体《エムすいたい》とのはたらきの区別がつきにくい人は、「P《ピー》型弱度」とよばれます。

おもに緑の光を感じるM錐体《エムすいたい》がまったくない人は、「D《ディー》型強度」とよばれ、赤が暗くは見えませんが、赤と緑のちがいが区別しにくくなったりします。M錐体《エムすいたい》があっても、L錐体《エルすいたい》とのはたらきの区別がつきにくい人は、「D《ディー》型弱度」とよばれます。

おもに青い光を感じるS錐体《エスすいたい》がない人は、「T《ティー》型」とよばれますが、日本全国でもほとんどいないとされる、非常《ひじょう》に少ない色弱《しきじゃく》のタイプです。

同じようにたいへんまれな例ですが、錐体《すいたい》が三つともない人は、「A《エー》型」（全色盲《ぜんしきもう》）とよばれます。杆体《かんたい》しか持っていないので、明暗はわかっても、色は認識《にんしき》できません。

このように、色覚《しきかく》には、大きく分けると五種類、P《ピー》とD《ディー》の強弱を合わせると、合計七タイプがあることになります。5ページに、各タイプの色の見え方を紹介《しょうかい》しています。

日本の眼科医《がんかい》の間では、たとえば「P《ピー》型強度」は、「第一色盲《しきもう》」「1型2色覚《しきかく》」とよばれていますが、外国では、「1型」「2型」でなく「P《ピー》型」「D《ディー》型」というよび方が一般《いっぱん》的《てき》だそうです。

色によっては、色弱《しきじゃく》の人のほうが敏感《びんかん》に見分けられる

全色盲《ぜんしきもう》の人をのぞけば、色弱《しきじゃく》の人は色が見えないわけではありませんし、見え方が劣《おと》っているわけでもありません。じつは、色によっては、一般《いっぱん》の人よりも、ちょっとした差に敏感《びんかん》なところもあります。

たとえば、中国、日本、ドイツ、フランスの国旗には、それぞれ赤い色が使われています。一般的《いっぱんてき》な見え方のC《シー》型の人は、ふつう、いずれも「赤」と認識《にんしき》していますし、印刷物でも、それぞれが同じ色で印刷されていることもあります。

しかし、実際《じっさい》の国旗の色は、それぞれ微妙《びみょう》にちがいます。P《ピー》型強度の伊藤《いとう》さんには、それぞれの「赤」のちがいは、次のように感じられるそうです。

中国の紅《くれない》＝赤
日本の紅《べに》＝どす青い赤
ドイツの金赤《きんあか》＝渋《しぶ》い赤
フランスの深い赤＝茶色

伊藤さんは、「色の見え方がC《シー》型の人は、『赤』という色名でひとくくりにしてしまうので、色合いの微妙《びみょう》な差に、意外と無頓着《むとんちゃく》なのかもしれない」と言っています。

また、ナイジェリア、アイルランド、イタリアの国旗に使われている「緑」色も、本来それぞれちがう色が使われています。しかし、伊藤さんが見た小学生向けの地図帳《ちずちょう》では、すべてイタリアと同じ緑で印刷してありました。

「アイルランドの人が思いをこめている少し青みがかった緑や、ナイジェリアの人が特産の宝石《ほうせき》の色に合わせた緑を使っているのを、無視《むし》してしまっているわけです」

このように、色弱《しきじゃく》の人のほうが、一般《いっぱん》の人が、同じ赤や緑と感じてしまう色のちがいを敏感《びんかん》に感じたり、一般《いっぱん》の人が見分けにくい色を見分けられる場合もあるのです。

「東京《とうきょう》のＪＲ《ジェイアール》山手線《やまのてせん》は、車体の黄緑色が目印です。Ｃ《シー》型の人には同じ黄緑でも、車体、駅の案内表示板《ひょうじばん》、路線図に描《えが》かれているそれぞれの色を見くらべると、わたしには明るさ、鮮《あざ》やかさなどがすべてちがって見えます。同じ路線の色とは思えないくらいなんですよ」

このように、色弱《しきじゃく》の人はＣ《シー》型の人より青の濃淡《のうたん》に敏感《びんかん》ですし、特定の色合いの赤と、特定の色合いの緑が見分けにくい一方で、同じ「赤」や「緑」の中のちがいには、Ｃ《シー》型の人よりもかえって敏感《びんかん》でもあります。色弱《しきじゃく》の人が見分けにくい色は、６ページの図を見てください。

ところで、緑色といえば、信号機の色や高速道路の標識《ひょうしき》の色は、色弱《しきじゃく》の人が黄緑や茶色に見えやすいタイプの緑ではなく、青みの強い緑です。ＪＩＳ《ジス》（日本工業規格《きかく》）できちんと管理された色が使われているのです。これなら色弱《しきじゃく》の人も「緑」と認識《にんしき》することができます。

色弱《しきじゃく》の人に配慮《はいりょ》したデザインはすべての人に都合がよい

伊藤《いとう》さんは、生物学者として、学会などで研究発表したり、学会誌《がっかいし》に論文《ろんぶん》を掲載《けいさい》する際《さい》に、ショウジョウバエなどの標本の画像《がぞう》を使うことがよくあります。しかし、通常《つうじょう》の画像《がぞう》のままでは、伊藤さんには色のちがいがわかりにくい場合があります。

7ページの、神経標本《しんけいひょうほん》の顕微鏡《けんびきょう》写真を見てください。いちばん左側が通常《つうじょう》の画像《がぞう》で、真ん中が伊藤さんの見え方です。C《シー》型の人には見分けやすい赤と緑が、同じような黄色に見えているのです。これでは、この資料《しりょう》を研究に役立てることが難《むずか》しいですね。

昔はフィルムで撮影《さつえい》した写真が使われていたのですが、今はほとんどの場合、デジタル画像《がぞう》が使われています。ですから、いちばん右側の画像《がぞう》のように、パソコン上で色を修正《しゅうせい》することが、比較的簡単《ひかくてきかんたん》にできるようになりました。

このように、デジタルデータの色を修正《しゅうせい》すれば、一般《いっぱん》の人も色弱《しきじゃく》の人も見分けやすい色の組み合わせの画像《がぞう》にすることができます。この場合は、緑と赤紫《あかむらさき》の組み合わせに変えてしまったわけです。

伊藤さんは、同じ色弱《しきじゃく》の研究者仲間と協力して、学会などで発表する図や画像《がぞう》を、色《しき》弱《じゃく》の人にも一般《いっぱん》の人にも見やすい色づかいにするように、ほかの研究者たちによびかけていました。それがきっかけとなり、「NPO《エヌピーオー》法人カラーユニバーサルデザイン機構《きこう》（CUDO《クドー》）」を、色弱《しきじゃく》の当事者やデザイナー、色彩《しきさい》の研究者といっしょに結成し、活動を開始することになりました。

パソコンやカラープリンターの普及《ふきゅう》などによって、最近では世の中にカラー画面やカラー印刷物が増《ふ》えました。また、以前は教科書のカラーページの数には規制《きせい》がありましたが、二〇〇四年から、各教科書会社が自由にページ数を決められるようになったので、ほとんどのページがカラー化されるようになりました。

世の中にカラー印刷物などが行きわたるようになると、色弱《しきじゃく》の人は、これまで以上に不便さを実感せざるをえなくなりました。

ところが、伊藤《いとう》さんは以前、ある地下鉄会社の人から、「ここ二十年間で、路線の色分けが見分けづらいというクレームはまったくなかった」と言われました。そのとき、伊藤さんは、それには次のような原因《げんいん》があるだろうと考えました。

まず、色弱《しきじゃく》の人は、ほんとうに見分けられないときは、色分けの存在《そんざい》にすら気づいていないことがあげられます。また、たとえ色分けがあることに気づいても、子どものころから、自分には見分けにくい色が多いのはしかたないと、あきらめてしまっている場合が多いのです。

また、進学や就職《しゅうしょく》に関して、色弱《しきじゃく》という理由だけで、受験資格《しかく》があたえられなかったケースがたくさんありました。色弱《しきじゃく》の人自身が運動を続けてきた経緯《けいい》から、しだいにそうした規定《きてい》はなくなってきました。しかし、自分の色覚《しきかく》をかくしている人がいまだに多く、見分けられないものでも見分けられるふりをしているという場合もあるようです。

伊藤さんは、そうした状況《じょうきょう》を変えていくために、まず、発想の転換《てんかん》をよびかけることにしました。

「バリアフリーという言葉は、最近は、外国人とか、駅でベビーカーを使っている人へ対応《たいおう》することにも使われています。でも、外国人や、ベビーカーを使っている人のことを『障害者《しょうがいしゃ》』とはよびませんよね。

つまり、バリアフリーというのは、『障害者《しょうがいしゃ》』への対応《たいおう》だけをいうのではないのです。多数派《たすうは》の人のために製品《せいひん》や設備《せつび》を作ると、少数派《しょうすうは》の人にとっては不便なことがあるので、少数派《しょうすうは》の人にも対応《たいおう》するために、くふうすることなのです。

たとえば車いすを使う人は、『歩道を車輪で移動《いどう》する』人で、『歩道を歩いて移動《いどう》する』人にくらべて少数派《しょうすうは》だから、歩道に段差《だんさ》があったりして不便なのです。それに対して自動車のために作られた車道は、車輪で移動《いどう》するのが多数派《たすうは》ですから、歩道とちがって段《だん》差《さ》がなくてなめらかなんですよね。

色弱《しきじゃく》の人も車いすを使う人も、『障害者《しょうがいしゃ》』ではなく少数派《しょうすうは》なだけです。ですから、カラーデザインも歩道も、少数派《しょうすうは》の人たちに配慮《はいりょ》しておけば、すべての人に都合のよいデザインとなります。そうしたほんとうの意味のすぐれたバリアフリーは、みんなのためのデザイン、つまりユニバーサルデザインになるのです」

そこで、まずCUDO《クドー》では、「色弱《しきじゃく》の人は、色覚《しきかく》の障害者《しょうがいしゃ》なのではなく、色覚《しきかく》の少数派《しょうすうは》である」ことをアピールし、「色弱《しきじゃく》の人に配慮《はいりょ》したデザインを考えることは、バリアフリーやユニバーサルデザインの活動につながる」という提案《ていあん》をすることにしました。

ちょうど、色覚疑似体験《しきかくぎじたいけん》ソフトが普及《ふきゅう》しはじめたこともあって、色弱《しきじゃく》の人が見分けにくい色を、一般《いっぱん》の見え方の人も具体的に体感できるようになりました。そのため、しだいにいろいろな反響《はんきょう》が出てきました。

印刷会社からは、色弱《しきじゃく》の人が見やすい路線図をデザインするコンテストを実施《じっし》したいという申し出がありました。また、コピー機メーカーからは、操作《そうさ》パネルの色づかいについてモニターの依頼《いらい》があるなど、CUDO《クドー》のほうから売りこまなくても、企業《きぎょう》や自治体から相談がよせられるようになったのです。

伊藤さんは、なぜCUDO《クドー》の活動が注目を集めるようになってきたのかについて、こう説明しています。

「これまで、色弱《しきじゃく》の人たちが不便さを訴《うった》えたり、色覚《しきかく》の研究者たちが、どんな色が見えにくいのかという研究はしてきたと思います。

しかし、『ではこの環境《かんきょう》を、どう変えていけばよいのか、どういう色の組み合わせなら見やすいのか』という、具体的な提案《ていあん》はあまりなかったように思います。CUDO《クドー》は、具体的に提案《ていあん》することをメインにしたので、反響《はんきょう》も大きかったのでしょうね」

地図のくふうや「CUD《シーユーディー》マーク」のついた商品も

実際《じっさい》に、色弱《しきじゃく》の人にも使いやすいくふうをした、地下鉄の路線図なども作られています（7ページ参照）。

まず、この路線図の下のほうにある説明欄《せつめいらん》を見てみると、「大江戸線《おおえど》」は「あかむらさき」、「半蔵門線《はんぞうもん》」は「むらさき」などと、路線の色名を表示《ひょうじ》しています。路線名には

さらに、「大江戸線《おおえど》」は「E《イー》」、半蔵門線《はんぞうもん》は「Z《ゼット》」などの記号もついています。つまり、

どの線がどの色なのか特定できなくても、色名やアルファベットの記号で、区別できるわけです。

また、入り組んだ東京の地下鉄路線図では、路線をたどっていっても、色だけでは、途中《とちゅう》でよくわからなくなってしまったりします。そのため、地図内の路線のところどころにも、「南北線《なんぼくせん》」「丸ノ内線《まるのうちせん》」などと、文字が書かれています。また、通常《つうじょう》の路線図では、路線を色一色だけのラインで表していますが、この路線図では、ラインの地にもようの入っている路線もあって、区別しやすくしています。

鉄道の路線図のほかに、道路などの地図でも、くふうが始まっています。

地図やガイドブックを出版《しゅっぱん》している出版社《しゅっぱんしゃ》では、編集者《へんしゅうしゃ》がCUDO《クドー》を訪《たず》ね、「色弱《しきじゃく》の人にも使いやすいくふうができないか」と相談を始めました。

その編集者《へんしゅうしゃ》は、紙に印刷した地図ではなく、色を自由に変えられる電子《でんし》地図を使って、道路などの自分の必要な情報《じょうほう》を、自分の見やすい大きさや色で表示《ひょうじ》できるようにすれば、色弱《しきじゃく》の人にも使いやすくなるのではないかと考えたのです。

こうした配慮《はいりょ》のされた電子《でんし》地図が販売《はんばい》されれば、一般《いっぱん》の人も色弱《しきじゃく》の人も、同じ地図を購入《こうにゅう》すればよいことになり、色弱《しきじゃく》の人たちのために、別の地図を作る手間もお金もかかりません。

CUDO《クドー》では、色覚《しきかく》の個人差《こじんさ》を問わず、できるだけ多くの人に見やすいように配慮《はいりょ》されていると認定《にんてい》した製品《せいひん》や施設《しせつ》に、「CUD《シーユーディー》（カラーユニバーサルデザイン認証《にんしょう》）マーク」（7ページ参照）をつけることにしました。

色弱《しきじゃく》の消費者の側から考えると、同じような商品が並《なら》んで販売《はんばい》されているときに、このCUD《シーユーディー》マークを参考にすれば、「カラーユニバーサルデザイン」の商品を選ぶことができます。メーカー側も、「カラーユニバーサルデザインの商品です」と、ほかの商品と差別化して売ることができます。

このCUD《シーユーディー》マークと、その右上の文字に使われている、赤・青・黄・緑の四色は、色《しき》弱《じゃく》の人にも見分けやすいよう、特別に配慮《はいりょ》された色調になっています。つまり、このマーク自身が、カラーユニバーサルデザインの見本になっているのです。

できないと思いこまずに新しい情報《じょうほう》を集めよう

伊藤《いとう》さんは、大学で生物学を研究する道に進み、ショウジョウバエの「赤い」目と向き合っています。

今ではほとんどなくなってきていますが、以前は、進学や就職《しゅうしょく》の際《さい》、色弱《しきじゃく》という理由だけで制限《せいげん》されていた学校や職業《しょくぎょう》が、かなりありました。

伊藤さんは、自分自身をふり返りながら話します。

「自分のやってみたい仕事があったら、眼科《がんか》のお医者さんや、学校の先生に相談するよりも、実際《じっさい》にその仕事をしている人に『どういうところに色を使うのか』『どんな道具を使って対応《たいおう》しているのか』と、具体的に話を聞いてみることが大事だと思います。どういうことで不便を感じる可能性《かのうせい》があるかは、実際《じっさい》にその仕事をやっている人にしかわからないからです。しかも、できれば複数《ふくすう》の人に聞いてみること。それは、かならずしも色弱《しきじゃく》の人でなくてもかまいません。

そして、できるだけ新しい情報《じょうほう》を入手することです」

ＩＴ《アイティー》技術《ぎじゅつ》の活用などにより、さまざまな職場《しょくば》で、仕事の方法は変わってきています。古い情報《じょうほう》だけを頼《たよ》りに、「自分は色弱《しきじゃく》だから○○はできない」と思いこんでしまうと、せっかくのチャンスを逃《のが》してしまうことになります。

「ほんとうは仕事の内容《ないよう》をよくわかっていない人が、マイナスの情報《じょうほう》を流してしまっていることだってありえます。

たとえば、以前、『色弱《しきじゃく》の人はリトマス試験紙の色の変化がわからないから、化学分野は難《むずか》しい』といわれていました。でも今、研究レベルでは、ＰＨ《ピーエイチ》（酸性《さんせい》・アルカリ性《せい》の度数を表す数字）は、コンピュータを使って、数字で測定《そくてい》する時代になっているんですよ」

以前は色弱《しきじゃく》では難《むずか》しいのではないかと思われたようなことでも、技術《ぎじゅつ》の進歩によって、問題がないことのほうが多いのです。

伊藤さんは、カラーユニバーサルデザインをテーマにした講演《こうえん》を頼《たの》まれることが増《ふ》えてきました。最近開発された疑似体験《ぎじたいけん》めがねなどを使って、実際《じっさい》にいろいろな印刷物を見てもらいながら、色弱《しきじゃく》について正しく理解《りかい》してもらい、色弱《しきじゃく》にまつわる、まちがった思いこみが取りのぞかれることを願っています。CUDO《クドー》の目的の一つは、色弱《しきじゃく》の見え方に関する正しい知識《ちしき》を広めることだと、伊藤さんは話します。

「どんなに進んだ技術《ぎじゅつ》が開発され、環境《かんきょう》が整っても、最終的には、偏見《へんけん》やまちがった思いこみが、大きなバリアになっていることに気づいてほしいと思っています。

一人でも多くの色弱《しきじゃく》の人が、自分の見え方について、ふつうに話すことができるような世の中にしていきたいですよね」

コラム

「リンゴが赤いのではない」
ニュートンの光と色の実験

赤いリンゴは、なぜ赤く見えるのでしょう。

「それはリンゴが赤いからに決まってるじゃないか」と思う人もいるかもしれません。

「色はどうして見えるのか？」という実験をした一人が、ニュートンです。

イギリスの物理学者アイザック・ニュートン（一六四二〜一七二七年）は、万有引力《ばんゆういんりょく》（重力）を発見したことで知られていますが、同じころ、光と色に関する実験もしていました。

それは、一六六五年、ケンブリッジ大学のトリニティカレッジから故郷《こきょう》にもどっていたときのことです。当時、ペストという伝染病《でんせんびょう》が大流行したため、大学が閉鎖《へいさ》されてしまったのです。

ちなみに、この間、ニュートンは、実家の農園のリンゴの木から落ちるリンゴを見て、万有引力《ばんゆういんりょく》の考えを思いついた、といわれています。また、数学の研究も重ね、「二項定理《にこうていり》」

という有名な定理《ていり》を導《みちび》き出したり、微分積分《びぶんせきぶん》の研究もしていました。ニュートンにとって、人生でもっとも実り多い期間だったそうです。

では、ニュートンの光と色に関する実験は、どんなものだったのでしょうか。

ニュートンは、56ページの図のように、真っ暗な部屋の中に、ガラスでできた三角柱のプリズムを置きました。そして、部屋の壁《かべ》に小さな穴《あな》をあけておいて、そこから太陽光が入るようにしました。

壁《かべ》の穴《あな》から差しこんだ太陽光がプリズムを通ると、プリズムの先に置かれたスクリーンには、虹《にじ》のような帯状《おびじょう》の光（スペクトル）が照らし出されました。ニュートンは、助手とともにこの光の帯《おび》を「菫《すみれ》（ヴァイオレット）」「藍《あい》」「青」「緑」「黄」「橙《だいだい》」「赤」の七つに見分けました。この七色は、のちに虹《にじ》の七色として広く知られるようになります。

ニュートンは、「光線には色がついていない」と述《の》べています。つまり、光そのものが七種類の色をしていると考えたわけではないのです。

これに続けてニュートンは、「光線はあれこれの色の感覚を生《しょう》じさせる力ないし傾向《けいこう》をもっているにすぎない」と述《の》べています。そして、光と色の関係を、空気の振動《しんどう》を人間が

ニュートンの実験
太陽光線
プリズム
菫（すみれ）
藍（あい）
青
緑
黄
橙
赤

耳で音として感じることにたとえています。つまり、光は、人間が目で色として感じているというわけです。

さらに「青い光」「赤い光」とよぶのは正確《せいかく》でなく、「赤をつくる光線」「青をつくる光線」というようによぶべきだと言っています。

このニュートンの考え方は、「色というものは、光が目に入り、それによって生じた刺《し》激《げき》が大脳《だいのう》に伝えられたときに、はじめて生じる感覚である」という、現代《げんだい》の考え方に通じるものになっていたことがわかります。

「リンゴが赤い色に見えるとしても、赤いリンゴが存在《そんざい》するのではない」

ニュートンは、光と色の実験を通じて、そのことを見い出したのです。

2

ピクトグラムで伝わる思い

コミュニケーションの手段《しゅだん》は一つではない

みなさんは、上のようなマークを見たことがありますか？

「もちろん」「そういえば」という声も聞こえてきそうですね。

これは、「非常口《ひじょうぐち》」を表すマークです。

火事などの災害《さいがい》が起きたときに、「ここから逃《に》げてください」という意味を表しています。暗いところや遠くからでもわかるように、常《つね》にライトで照らされています。

それでは、なぜ「非常口《ひじょうぐち》」という文字で書かずに、このようなマークにしているのでしょうか。

みなさんは、考えてみたことがありますか？

ピクトグラムなら、だれにでも伝わる

非常口《ひじょうぐち》のマークが普及《ふきゅう》するようになったのは、一九八二年ごろのことです。それまでは、「非常口《ひじょうぐち》」という文字しか書かれていませんでした。文字だけでなく、マークも

駅で見かけるさまざまなピクトグラム。

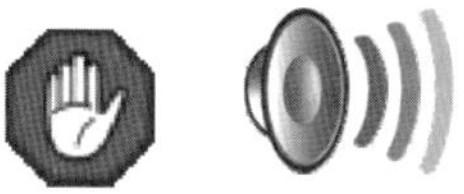

駅や公共施設《しせつ》、交通標識《ひょうしき》などのほか、電化製品《せいひん》の取《と》り扱《あつか》い説明書などにも、さまざまなピクトグラムが使われています。

使われるようになったのには、次のような経緯《けいい》がありました。

一九七二年から七三年にかけて、大阪《おおさか》と熊本《くまもと》のデパートで、大きな火災《かさい》が起きました。煙《けむり》に巻《ま》かれた多くの人が逃《に》げおくれて、多数の死者が出ました。このとき、非常口《ひじょうぐち》を表す表示《ひょうじ》が、煙《けむり》や炎《ほのお》で見えにくかったというのです。

その反省から、非常口《ひじょうぐち》を知らせる標識《ひょうしき》の大切さが再認識《さいにんしき》され、非常口《ひじょうぐち》の文字を大きくすることに決まりました。しかし、その後、次のような意見も出てきたのです。

「子どもや、外国から来た人の場合、漢字が読めないのではないか」

「非常口《ひじょうぐち》の『常《つね》』という漢字は画数《かくすう》が多いので、字を大きくしても、遠目では読みづらいのではないか」

そこで、「非常口《ひじょうぐち》」の表示《ひょうじ》を、だれにでもわかる標識《ひょうしき》にしようということで、デザインを公募《こうぼ》することになりました。そして、集まった案の中から、煙《けむり》の中でも見えやすいかどうかなどのテストを行いながら、専門家《せんもんか》が修正《しゅうせい》を加えていきました。こうしてできあがったのが、現在《げんざい》使われている「非常口《ひじょうぐち》」のマークなのです。

また、世界標準《ひょうじゅん》の「非常口《ひじょうぐち》」のマークを決める際《さい》には、この日本の「非常口《ひじょうぐち》」のマークも候補《こうほ》の一つとなりました。そして選考の結果、一九八七年にこのマークが国際規格《こくさいきかく》に選ばれたのです。ですから、海外でも、非常口《ひじょうぐち》のこのマークを目にすることがあるわけです。

このように、マークは、言葉の壁《かべ》を越《こ》え、さまざまな立場の人に対して、情報《じょうほう》を伝えることに有効《ゆうこう》であることがわかります。

しかし、ただ単に「マーク」というと、数学で使う記号類や、学校や企業《きぎょう》、地方自治体などを表すロゴマークなどもふくまれてしまいます。

今まで紹介《しょうかい》した「非常口《ひじょうぐち》」や、駅や街中でよく見かける「トイレ」などのマーク、交通標識《ひょうしき》など、注意をよびかけたり場所を知らせたりなど、なんらかの情報《じょうほう》を表すためのマークのことを「ピクトグラム」とよびます。そこで、ここでは「ピクトグラム」について話を進めていきましょう。

写真やピクトグラムをコミュニケーションの道具に

ところで、みなさんは『光《ひかり》とともに』というマンガを知っていますか？　66ページにその一場面を紹介《しょうかい》しましたが、テレビドラマになったこともあるので、知っている人も多いのではないでしょうか。

このマンガの主人公の東光《あずまひかる》君は、「自閉症《じへいしょう》」です。

自閉症《じへいしょう》の人は、他人と言葉によるコミュニケーションをとることが苦手だといわれています。

この場面では、お母さんが、小学校に通学することになった光《ひかる》君に、学校に行く時間だ、ということをなんとか伝えようとしています。

最初にお母さんは、「七時五〇分」を示《しめ》す時計の写真と、「学校」と書いてある、ぼうしの写真を見せました。

光君《ひかるくん》は時計を見ても、今が「何時何分」であるのか、ということは理解《りかい》していないのです。でも、家の壁《かべ》にかかっている時計の針《はり》と、写真の中の時計の針《はり》を見て、その位置が一致《いっち》したことに気づきました。

さらに、もう一枚《まい》のぼうしの写真を見て、ぼうしをかぶっていくことを意味する「学校」に出かけようとしているのです。

これは、どういうことなのでしょうか。

京都府《きょうとふ》で、障害《しょうがい》のある子どもの教育に長い間かかわってきた藤澤和子《ふじさわかずこ》さんは、こう説明します。

「自閉症《じへいしょう》の子どもや、知的障害《ちてきしょうがい》のある子どもたちは、『学校に行く時間よ』などのように、耳から入る話し言葉は、理解《りかい》するのが苦手な場合があります。

でも、目から入る視覚的《しかくてき》な情報《じょうほう》だと、すーっと入っていくことが多いようなのです。

ですから、言葉のかわりに、写真やピクトグラムを使った情報《じょうほう》は、彼《かれ》らにとって有効《ゆうこう》なコミュニケーションの道具になるんですよ」

明日は
7時50分
出発です
学校へ
行きます
時計の下に
張っておこう
がっこう
7じ50ぷん
パッと見て
わかるように
…
じっ
……
わかったかな?
単なる
思いつき
だった
オーノー
アンビリーバボーッ
そろそろ
時間かな

©戸部けいこ『フォアミセス』連載中

PIC《ピック》との出会い

一九五五年生まれの藤澤《ふじさわ》さんは、大学時代、心理学を学びました。卒業後、教職《きょうしょく》につきましたが、障害《しょうがい》のある人もない人も、同じ場でいっしょに勉強をする教育（統合教育《とうごうきょういく》）が理想的だと考えていました。そこで、以前からそうした考え方が進んでいる、スウェーデンに行きたいと思っていました。

一九八八年、藤澤さんは、念願かなってスウェーデンに行く機会ができました。スウェーデンで偶然《ぐうぜん》出会ったのが、「ＰＩＣ《ピック》」（Pictogram《ピクトグラム》 Ideogram《イデオグラム》 Communication《コミュニケーション》）という、コミュニケーションの手段《しゅだん》として作られたピクトグラムでした。

「国立教材センターを訪問《ほうもん》したとき、はじめてＰＩＣを目にしたんです。すぐに『これだ！』と思いました」

藤澤さんは、以前から自閉症《じへいしょう》や知的障害《ちてきしょうがい》のある子どもとのコミュニケーション手段《しゅだん》として、話し言葉にかわるものはないだろうかと探《さが》していたのですが、ＰＩＣはそれにぴったりのピクトグラムだったのです。

ＰＩＣとはどんなものかを説明する前に、まず、ふだん、わたしたちはどんな手段《しゅだん》でコミュニケーションを行っているのかを考えてみましょう。

わたしたちは「おはよう」「こんにちは」とあいさつしたり、「お菓子《かし》が食べたい」と要求したり、「遠足は楽しかった」と報告《ほうこく》したり、「あぶないから行ってはダメです」と命令したりするとき、特別に意識《いしき》することなく、あたりまえに話し言葉を使っていますね。さらに、自分の意思《いし》や気持ちを伝えたり、また、相手からの返事を受け取ったりするときも、多くの場合、話し言葉を使っています。

ところが、知的障害《ちてきしょうがい》や自閉症《じへいしょう》の子どもたちは、話し言葉を自由に使えないので、他人とコミュニケーションをとることが、どうしても難《むずか》しいのです。

そのため、周囲の人は「どうせ言っても伝わらない」と思いこんでしまったりします。また、本人のほうは、なにを伝えられているかがわからないので、不安になってパニックを起こしたりすることもあります。つまり、この場合、話し言葉が、おたがいのコミュニケーション手段《しゅだん》として、適《てき》していないわけです。

そこで、言葉を聞いたり話したりするかわりに、写真や絵、ＰＩＣのようなピクトグラムを見せ合うことで、彼《かれ》らと情報《じょうほう》をやりとりすればよいのです。そうすることで、耳からの言葉より、目で見ることで情報《じょうほう》を得やすい特性《とくせい》をもつ、自閉症《じへいしょう》や知的障害《ちてきしょうがい》のある子どもたちとコミュニケーションをとることが、容易《ようい》になるのです。

ＰＩＣ《ピック》はカナダ生まれ

では、ＰＩＣ《ピック》とはどんなものなのでしょうか。72ページを見てください。

ＰＩＣは、黒い背景《はいけい》に、白で単純《たんじゅん》なイラストが描《えが》かれているのが特徴《とくちょう》です。

藤澤《ふじさわ》さんがＰＩＣに出会ったのはスウェーデンでしたが、じつは、ＰＩＣはカナダで開発されたもので、それをスウェーデンで取り入れていたことがわかりました。

そこで藤澤さんは、日本に帰ってきてから、ＰＩＣを開発した、カナダのサバス・Ｃ《シー》・マハラージさんに連絡《れんらく》をとってみました。すると、「どうぞ日本でも使ってみてください」と、マハラージさんから、たくさんのＰＩＣが送られてきました。

マハラージさんがＰＩＣを考案する際《さい》、参考にしたものがあります。それは、第二次世界大戦中、ユダヤ人のチャールズ・Ｋ《ケー》・ブリスが考えた「ブリスシンボル」です。

ブリスは、同じ言語を話さない人どうしで、コミュニケーションできる言葉が作れないか、ということを考えていましたが、ナチスドイツによるユダヤ人迫害《はくがい》にあい、難民《なんみん》として中国に避難《ひなん》しました。中国で、ブリスが表意文字《ひょういもじ》である漢字と出会ったことから、記号によるコミュニケーションの方法を思いついたのです。

表意文字《ひょういもじ》とは、意味を表す文字ということですが、漢字には、象形文字《しょうけいもじ》といって、ものの形をかたどって文字に表したものもありますね。72ページに、ＰＩＣと対比《たいひ》させて、ブリスシンボルをいくつか載《の》せています。これを見れば、ブリスシンボルが漢字と同じようなしくみを使って作られたことがわかると思います。

その後、ブリスシンボルは一九六〇年代から、カナダの障害児施設《しょうがいじしせつ》で利用されるようになりました。マハラージさんはそれを参考にして、知的障害《ちてきしょうがい》のある人向けにＰＩＣ

ブリスシンボルとPIC《ピック》

幸せ	車	働く	
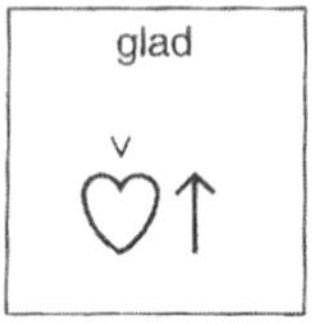			ブリスシンボル
		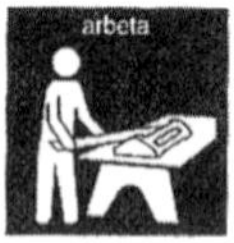	PIC《ピック》

部屋	図書室	寝室《しんしつ》	
	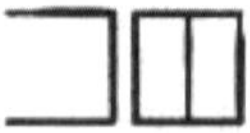 部屋＋本	 部屋＋囲い＋目	ブリスシンボル
			PIC《ピック》

シンボルを作ったのです。

「すもう」や「コンビニ」もＰＩＣ《ピック》に

藤澤《ふじさわ》さんは、ＰＩＣ《ピック》と出会う前、ブリスシンボルを利用することを考えた時期もありました。しかし、絵が抽象的《ちゅうしょうてき》なので、藤澤さんが担当《たんとう》している知的障害《ちてきしょうがい》のある人たちには難《むずか》しすぎて、うまくいきませんでした。そこで、ＰＩＣを利用してみることにしました。すると、ＰＩＣは、重い知的障害《ちてきしょうがい》や自閉症《じへいしょう》の子どもたちに、受け入れてもらえることがわかりました。

ブリスシンボルとくらべて、ＰＩＣは、絵をギリギリまで単純化《たんじゅんか》しつつも、具体的な絵にしてあるので、だれが見ても、なにを表しているのか、とてもわかりやすいのだと思います。

また、ＰＩＣは、標識《ひょうしき》などに使われているピクトグラムに似《に》ていることや、背景《はいけい》と絵のコントラスト（対比《たいひ》）がはっきりしていることから、遠くからでもよく見えるといった特徴《とくちょう》もあります。それで、学校などで、壁《かべ》にスケジュール表などをはり出すときにも便利に使えます。

ＰＩＣを使うことに手ごたえを感じた藤澤さんは、次に、仲間たちと日本版《ばん》ＰＩＣの開発に取り組みました。藤澤さんたちがとくに力を入れたのは、日本独自《どくじ》のピクトグラムを追加することです（75ページ参照）。

たとえば、「うちわ」「はなみ」「こいのぼり」「すもう」など、日本独特《どくとく》の文化や伝統《でんとう》行事だけでなく、「たくはい」や「コンビニ」「じどうはんばいき」など、現代《げんだい》の日本で、子どもたちの生活に身近なものも加えています。

ＰＩＣのもう一つの特徴《とくちょう》は、ピクトグラムだけではなく、「イデオグラム」といって、気持ちや感覚などの抽象的《ちゅうしょうてき》な概念《がいねん》を表現《ひょうげん》するときにも使えることです。

たとえば、「たべる」「しあわせ」「ふとる」「やせる」といった言葉です。

藤澤《ふじさわ》さんたちが作った日本版《ばん》PIC《ピック》

うちわ

花見

こいのぼり

すもう

宅配《たくはい》

コンビニ

自動販売機《じどうはんばいき》

じゃんけん

新幹線《しんかんせん》

携帯《けいたい》電話

たこ焼き

まんじゅう

抽象的《ちゅうしょうてき》なことを表すPIC《ピック》

食べる

幸せ

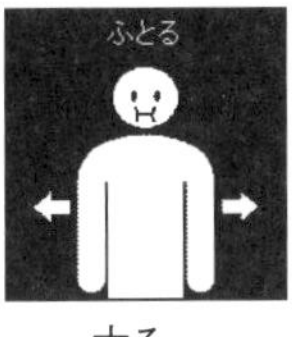

太る

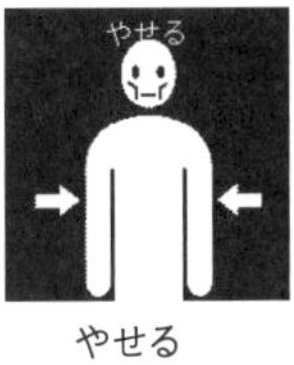

やせる

PIC《ピック》が「言葉」になった

では、藤澤《ふじさわ》さんは実際《じっさい》に、PIC《ピック》を使って、どのように子どもたちとコミュニケーションの練習をしているのでしょう。

藤澤さんが、じゅんいち君（仮名《かめい》）を、小学校一年生から二年生にかけて「ことばの教室」で指導《しどう》したときのようすを紹介《しょうかい》します。

じゅんいち君は、自閉症《じへいしょう》と診断《しんだん》され、話し言葉によるやりとりが苦手でした。幼稚園《ようちえん》のころは一人で絵本を見たり、車や三輪車をながめたりして、おとなしくしていることが多かったそうです。

先生が、アンパンマンの絵を見せると、「アンパンマン」「手」「足」というように、名づけることはできるのに、「アンパンマンが飛んでるね」といった、先生からの話かけには興味《きょうみ》を示《しめ》さなかったといいます。そして、自分のお気に入りのところだけを見たり、言葉は、オウム返しのことが多かったそうです。

小学校に入ってからは、教室にはほとんど入らず、一日じゅう、校舎《こうしゃ》や運動場、体育館などを走り回りました。担任《たんにん》の先生の言うことは耳に入らず、走るのをやめさせようとするとパニックになり、先生に噛《か》みついたり、ものを投げたりもしました。

その当時、「ことばの教室」を担当《たんとう》していた藤澤さんは、じゅんいち君が、はじめての場所、おおぜいの人にとまどっているうえに、時間によって決められた一日の流れが理解《りかい》できずにいることを感じていました。「三時間目は体育だから校庭に」などと、いくら言葉で説明しても、それは、じゅんいち君には、意味のある情報《じょうほう》として届《とど》かないのです。

そこで、藤澤さんは、

「聴覚《ちょうかく》からの情報《じょうほう》がなかなか入らないのだったら、じゅんいち君にわかりやすい方法で、視覚的《しかくてき》に情報《じょうほう》を届《とど》ければ、意味が理解《りかい》できるようになり、行動を予測《よそく》したり、場所を確《たし》かめることがしやすくなるのではないか」

と考えました。

じゅんいち君は、幼稚園《ようちえん》のころから、視覚的《しかくてき》に情報《じょうほう》が入る絵本や絵に関心を強く示《しめ》していました。おそらく、絵と対応《たいおう》させて、短い言葉をおぼえてきたのだろうと、藤澤さんは推測《すいそく》しました。そこで、視覚情報《しかくじょうほう》であるPICを話し言葉に対応《たいおう》させていき、そのあとで動詞《どうし》の種類を増《ふ》やして、だんだん文章につなげていけるように指導《しどう》しようと決めました。

最初に藤澤さんがやったことは、教室や職員室《しょくいんしつ》など、学校じゅうの教室の入り口に、その場所を示《しめ》すPICを掲示《けいじ》したことです。

そして、掲示《けいじ》してあるPICを縮小《しゅくしょう》したカードをじゅんいち君に見せて、その日に移《い》動《どう》する場所を前もって知らせました。じゅんいち君に、一日の予定を理解《りかい》してもらおうとしたのです。そして、じゅんいち君がそのカードを持ってその場所まで行き、入り口に掲示《けいじ》されているPICと、持っているカードのPICを一致《いっち》させることで、場所を確《たし》かめるのです。

じゅんいち君は、最初からPICに興味《きょうみ》をもったようすで、藤澤さんが、

「そのカードを、その教室にいる先生に渡《わた》してね」と話すと、ちゃんとできるようになりました。

そして、二か月もすると、カードがなくても「○○教室に行きなさい」という話し言葉の指示《しじ》がわかるようになり、校内を走り回ることもなくなっていきました。

さらに一学期に、「○○はどれですか」と質問《しつもん》して、対応《たいおう》するPICのカードを指さして答える練習をしたあと、二学期には、苦手だった動詞《どうし》を勉強することになりました。

半年くらいの練習のあと、81ページの上の図のような絵カードを見せて、「女の子はなにをしていますか」と聞くと、「切る」と言って、そのPICのカードを選べるようになりました。さらに、三学期には、「コーヒー飲む」「ごはん食べる」といった二つのPICのカードを選べるようになりました。

二年生になってからは、絵カードを見ながら、三つのPICのカードを選び、言葉を声に出す練習が始まりました。

81ページの下の図は、三つの絵を見ながら、じゅんいち君が実際《じっさい》に選ぶことができた

ＰＩＣのカードと、声に出すことができた話し言葉です。

ＰＩＣが有効《ゆうこう》なのは、じゅんいち君のような自閉症《じへいしょう》の子どもだけではありません。

ひろし君（仮名《かめい》）は、石川《いしかわ》県の養護《ようご》学校に通う、脳性麻痺《のうせいまひ》（生後四週間までに生じた脳《のう》の損傷《そんしょう》のため、運動機能《きのう》に障害《しょうがい》があること）と知的障害《しょうがい》のある小学校六年生です。言葉を話すことや、身ぶりや文字で表現《ひょうげん》することも難《むずか》しいので、ＰＩＣを使って勉強するようになりました。

担任《たんにん》の先生は、生活に身近なＰＩＣを選んでカード集を作ったり、ひろし君の好きな絵本に、文章に対応《たいおう》するＰＩＣをはりつけていき、読みやすくするなどのくふうをしたりしていました。

やがて、ひろし君は、ＰＩＣを使って、意味のある一つの長文を作ることができるようになりました。ひろし君は、パンツをはかずに外に出て、しりもちをついてころんでしまった絵本の主人公のその後のことを、次のようにＰＩＣを並《なら》べて表現《ひょうげん》しました。

［そと］［いく］［よごれた］［しり］［ゆぶね］［いえ］［せっけん］［タオル］［あらう］

じゅんいち君が見た絵カード

選んだPIC《ピック》と、
言った言葉

「切る」

じゅんいち君が見た絵カード

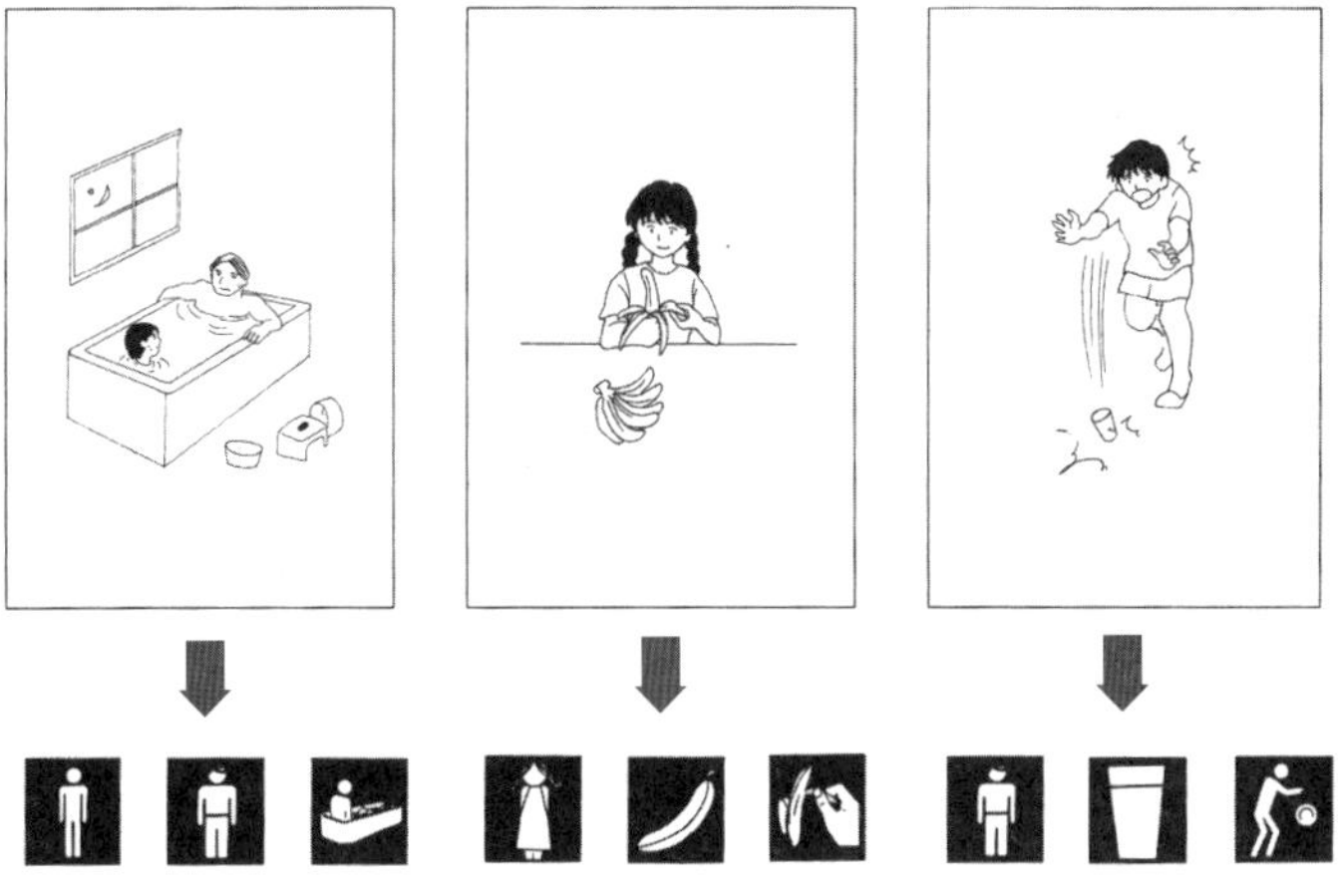

「じゅんいち
パパと
おふろ入る」

「りえちゃん
バナナ
むく」

「男の子
コップ
ガッチャン」

選んだPIC《ピック》と、言った言葉

［パンツ］［ズボン］

みなさんにも、ひろし君が伝えたいメッセージが、わかったのではないでしょうか。

PIC《ピック》で戦争体験を語った女性《じょせい》

藤澤《ふじさわ》さんには、ある女性《じょせい》との忘《わす》れられない出会いがあります。女性《じょせい》の名は、仲野庸子《なかのようこ》さん。仲野さんは、当時五十歳《さい》代で、重症心身《じゅうしょうしんしん》施設《しせつ》で暮《く》らしていました。

脳性麻痺《のうせいまひ》による重い障害《しょうがい》のある仲野さんは、四十八歳《さい》になるまでは自宅《じたく》で生活していました。家族が本の読み聞かせをしたり、文字の積み木を使って字を教えていました。

仲野さんは学校に行ったことがありません。それは、一九七九年まで、重い障害《しょうがい》のある人は学校に通わなくてもよい、と決められていたからです。

時間はかかりますが、ひらがなの五十音表を使って、自分の名前を指でさすことはできました。しかし、それ以外の文字はあいまいで、とくに、似《に》た形の文字を見分けることが難《むずか》しかったのです。

両親があいついで亡《な》くなり、仲野さんは施設《しせつ》に入所することになりました。そこではじめてPIC《ピック》と出会いました。仲野さんは、施設《せつ》の職員《しょくいん》の人とPICを使いながら会話をするなかで、自分の生《お》い立《た》ちや戦争体験を話し始めました。

仲野さんは車いすに座《すわ》りながら、テーブルの上にあるPICの表をじっと見つめています。脳性麻痺《のうせいまひ》による不随意《ふずいい》運動（自分の意思とは関係なく、体の一部が動いてしまうこと）のため、体が思うように動かせないのですが、ゆっくりとPICを指さしていきます。職員《しょくいん》の人はそれを見ながら、言葉で、仲野さんが伝えたいことを一つひとつ確認《かくにん》していきました。

［　］は仲野さんが指をさしたPICのカードです。（　）は、職員《しょくいん》の人が何度もゆっくりと確認《かくにん》をとりながら、理解《りかい》した内容《ないよう》です。「　」は、職員《しょくいん》の人の話し言葉です。

仲野さん　［家］［寝《ね》る］［男］（兵隊《へいたい》さんたちを預《あず》かっていた）

職員［？］「どんな人たち？」

仲野さん［病気］（病気になった人たち）
仲野さん［働く］［死ぬ］［悲しい］（元気にならずに亡《な》くなっていった）
職員「何人くらい預《あず》かっていた？」
仲野さん　四十人（指で）
職員「そのころ、仲野さんの家は、何人で住んでいた？」
仲野さん［男］［女］［男］（父・母・弟、それに仲野さんの四人）
仲野さん［男］［病気］［寝《ね》る］（兵隊《へいたい》さんは寝《ね》ている人ばかり）
職員［海］［山］［家］［？］「淡路島《あわじしま》は、そういう人たちを預《あず》かる家が多いの？」

※［海］［山］で「島」を表す

仲野さん　手をあげて、Ｙｅｓ《イエス》のサイン

こうしたやりとりを何回も続けて、職員《しょくいん》の人は、次のような文章にまとめました。

「終戦の間際《まぎわ》、家には、けがをしたり、病気になったりした兵隊《へいたい》を預《あず》かっていた。しかし、その多くは死んでしまい、悲しかった。爆弾《ばくだん》は落とされなかったが、飛行機はよ

仲野《なかの》さんがお姉さんにあてて書いた年賀状《ねんがじょう》

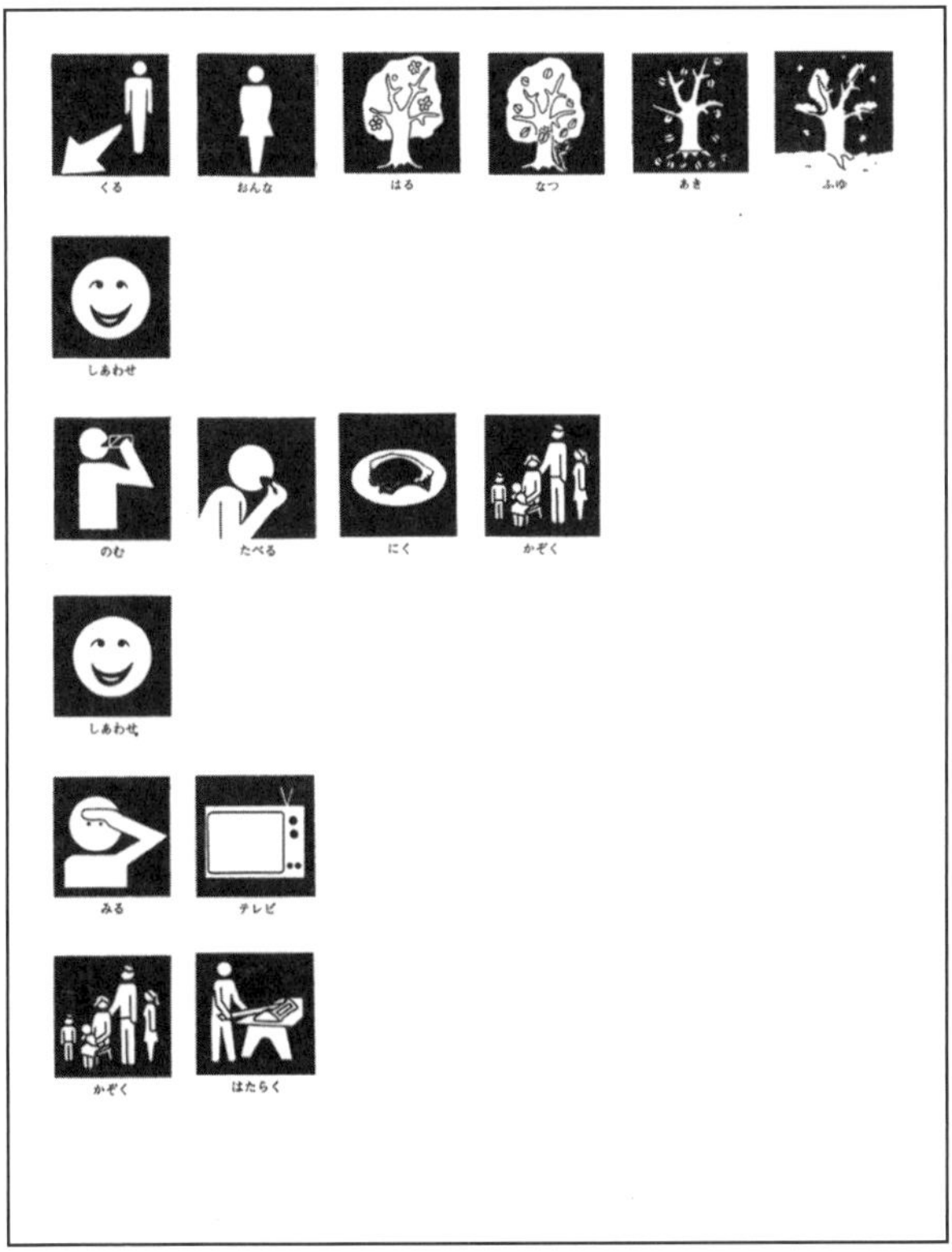

いつも面接《めんせつ》に来てくれてありがとう。
幸せです。
外泊《がいはく》中、私はすきやきを食べたいです。
楽しみにしています。
外泊《がいはく》中、テレビを見てすごしたいと思います。
家族のみなさんが今年1年元気ですごせますように。

く飛んできた。逃《に》げるときには、父や弟が抱《だ》いて、防空壕《ぼうくうごう》まで運んでくれた」

その後、仲野さんは、離《はな》れて暮《く》らす姉や妹に、PICを使った手紙を書くようになったそうです。85ページの図は、仲野さんがお姉さんに送った年賀状《ねんがじょう》です。

メールやアニメーションにも進化

この章の最初に紹介《しょうかい》した「非常口《ひじょうぐち》」や、「トイレ」のマークのように、もともとピクトグラムは、文字が読めない子どもや外国人をふくめて、より多くの人にわかりやすく情報《じょうほう》を伝えるために開発されてきました。

ピクトグラムの一つであるPIC《ピック》も、だれにでもわかりやすいコミュニケーションの道具として、もっと多くの人に利用してもらえるよう、藤澤《ふじさわ》さんは研究を続けています。

「障害者《しょうがいしゃ》、外国人、高齢者《こうれいしゃ》、子ども、一般《いっぱん》の人、みんなにとって、PICをはじめとするピクトグラムや写真、アニメーションなどをもっと使っていくと、わかりやすいし、なにより楽しくなりますよね」

と藤澤さんは話します。

電子《でんし》メールは、電話とちがって、相手が忙《いそが》しいかどうかを気にしなくてもよいし、手紙のように切手をはったり、ポストに投函《とうかん》する必要がないので、手軽に出すことができます。知的障害《ちてきしょうがい》のある人や自閉症《じへいしょう》の人は、人とコミュニケーションをとることが苦手な人が多いのですが、メールに関心をもつ人が多いそうです。

藤澤さんは、熊本《くまもと》県の清田公保《きよたきみやす》さんという高等専門《せんもん》学校の先生といっしょに、PICを使ってメールのやりとりができるソフト、「PICメール」を開発しました。

PICメールでは、自分の思いを、自分が選んだPICや写真を並《なら》べることで確認《かくにん》でき、ボタンを押《お》して、「送る」という行為《こうい》も、はっきりわかります。

また、返事が来たということも、視覚的《しかくてき》にイメージできるのです。

藤澤さんは、さらに、PICを静止画《せいしが》としてだけではなく、動画《どうが》としても発展《はってん》させていきたいと考えています。

ピクトグラムのように、具体的なものを表現《ひょうげん》するには静止画《せいしが》で十分ですが、「開ける」

とか「座《すわ》る」など、動きを表すイデオグラムの場合、静止画《せいしが》では表現《ひょうげん》に限界《げんかい》がありますｏ連続した動きを表現《ひょうげん》するPICを、パソコンで表示《ひょうじ》できるようなソフトも開発されていますが、わかりやすいアニメーションの開発にも取り組んでいるのです。

藤澤さんは、「京都国際《きょうとこくさい》マンガミュージアム」の人たちといっしょに、歯みがきやトイレの使い方のアニメーションも試作しています。

「文字だけで表現《ひょうげん》していると、そこになかなか入っていくことができない知的障害者《ちてきしょうがいしゃ》や自閉症《じへいしょう》の人もいます。でも、ピクトグラムや写真を使うことで、いっしょに参加することができるんです。

そこに、視覚障害《しかくしょうがい》の人に対応《たいおう》した音声や触覚《しょっかく》を生かした情報《じょうほう》も加えれば、ユニバーサルデザインなものに、もっと近づくと思います」

藤澤さんが取り組んでいるさまざまな実践《じっせん》は、コミュニケーションの手段《しゅだん》は一つだけではない、自分に合った方法でよいのだ、ということを教えてくれます。

コラム

「やさしく読めるわかりやすい本」

スウェーデンで生まれたＬＬ《エルエル》ブック

藤澤和子《ふじさわかずこ》さんは、スウェーデンに行くたびに、「ＬＬ《エルエル》ブック」とよばれる本を、お土産《みやげ》に何冊《なんさつ》も買ってきます。ＬＬブックは、写真やイラストがたくさん入っていて、文章もやさしく読みやすく作ってある本です。ＬＬというのは、「ＬＬサイズ」の意味ではなく、スウェーデン語で「わかりやすい」という意味をもつ単語の略語《りゃくご》です。

10ページに、ＬＬブックの一部を紹介《しょうかい》しています。

一冊《さつ》は、スウェーデンで出版《しゅっぱん》されたＬＬブックを日本語に翻訳《ほんやく》した『山頂《さんちょう》にむかって』という本です。施設《しせつ》で暮《く》らす知的障害《ちてきしょうがい》のある人たちが山に登る話で、やさしい文章の下に、第二章でくわしくお話しした、ＰＩＣ《ピック》も載《の》っています。

もう一冊《さつ》は、「全日本手《て》をつなぐ育成会《いくせいかい》」という知的障害者《ちてきしょうがいしゃ》の団体《だんたい》が、スウェーデンのＬＬブックからヒントを得《え》て作った『ぼなぺてぃ』という料理の本です。写真だけで料理のレシピがわかるようにくふうされています。みなさんも、このページを見ただけで、料理が作れるかもしれませんね。

スウェーデンでは、一九六八年から、一般《いっぱん》に販売《はんばい》されている本や雑誌《ざっし》の文章が難解《なんかい》で、読むことが難《むずか》しい人のために、やさしい文章でわかりやすい本を作ろうという活動があります。はじめは、作家や学校の先生、写真家などが集まって、みんながよく知っている数《すう》冊《さつ》の本を、読みやすい言葉で書きかえるところからスタートしました。

また、「ニュースを読みたい」という要望も強かったので、一般《いっぱん》向けの新聞記事をわかりやすい文章に直して掲載《けいさい》する『8ページ』という新聞も作られています。

スウェーデン政府《せいふ》は、読みやすい出版物《しゅっぱんぶつ》を制作《せいさく》する機関として「やさしく読める図書センター」を設置《せっち》しています。やさしく読める図書センターでは、毎年約三十種類、過去《かこ》の出版物《しゅっぱんぶつ》を合わせると、合計約八百種類以上のLLブックを出版《しゅっぱん》しています。ジャンルも、恋愛《れんあい》小説からファンタジー、科学読み物、料理の本まで、幅広《はばひろ》い作品があります。

ところで、視覚障害《しかくしょうがい》のある人は、見えない、見えにくいことが原因《げんいん》で、本にアクセスしづらいというハンディキャップがあります。

しかし、視覚障害者《しかくしょうがいしゃ》たち自身が、長い時間をかけて、「一般《いっぱん》の人と同じように、自分たちも本や雑誌《ざっし》が読みたい」と訴《うった》え続けた結果、点字図書や録音《ろくおん》図書、大活字図書などが作られるようになりました。まだ十分ではないにしても、ある程度《ていど》のサポートを受けられるようになってきています。

ところが、知的障害《ちてきしょうがい》のある人や自閉症《じへいしょう》の人の場合、自分の考えをほかの人にわかるように話すことが難《むずか》しい人たちが圧倒的《あっとうてき》に多いのです。ですから、それらの人たちは、どのような本を必要としているのか、そのために、どのようなサポートができるのか、その方法がなかなかつかみにくい現状《げんじょう》があります。

「わかりやすい本」というと、「それなら絵本や子ども向けの本があるじゃない」と思われがちです。しかし、大人になって興味《きょうみ》の幅《はば》が広がると、それだけでは満足できなくなってきます。読める本と読みたい本が一致《いっち》しなくなるのです。

藤澤さんは、知的障害《ちてきしょうがい》のある人や自閉症《じへいしょう》の人が、どんな本を求めているのか、生《なま》の声を聞くように心がけています。ある集会では、「ビーズアクセサリーの作り方を知りたかったのに、読める本がなかった」「パソコンのわかりやすい説明書がほしい」「芸能人《げいのうじん》の載《の》っている本が読みたい」といった声が聞かれました。

藤澤さんは、一般《いっぱん》の本の中で、比較的《ひかくてき》わかりやすく書かれている本を選んで、知的障害《ちてきしょうがい》のある人や自閉症《じへいしょう》の人に読んでもらうようにしています。

三十歳《さい》代の男性《だんせい》は、「自分はたばこ吸《す》ってるし、この本を読んで、たばこやめなあかん」と言いながら、たばこの害についてイラストで解説《かいせつ》した本を熱心に読んでいました。六十歳《さい》代の女性《じょせい》は、「旅行が好きや」と言って、風景の写真が載《の》っている本を、車が好きな五十歳《さい》代の男性《だんせい》は、車の写真集を何冊《なんさつ》も見ていました。そして「車好き。この車よい」と言っていました。若《わか》い女の子が素敵《すてき》な服を着て写っている写真集は、男性《だんせい》からも女性《じょせい》からも人気がありました。

日本でも、藤澤さんたちが中心になって、スウェーデンのLLブックを日本語に翻訳《ほんやく》したものや、日本オリジナルのLLブックを作る動きが出てきました。

また、「だれにもわかりやすい新聞」をめざした、ニュース記事を知的障害《ちてきしょうがい》のある人たち自身も参加してわかりやすくした『ステージ』という新聞も発行されています（くわしくは、ドキュメント・ユニバーサルデザイン『もっと伝えたい』参照）。

さらに、「ピクトプリント」というパソコンのソフトウェアを使えば、だれでも簡単《かんたん》にPICを入れたLLブックを作ることもできます。自分や身近な人を主人公にした本も作れるわけです。

知的障害《ちてきしょうがい》のある人や自閉症《じへいしょう》の人にとって、自分や身近な人が登場する本があれば、今まで以上に読書に対する興味《きょうみ》がわいてくるのではないでしょうか。

3

触覚《しょっかく》がひらく豊《ゆた》かな世界

「触常者《しょくじょうしゃ》」からのメッセージ

「見る」と「さわる」はどうちがう？

「じゃあみなさん、アイマスクをしてみてください。できましたか？　最初に、となりの人と声をかけあって、握手《あくしゅ》してみましょう」

カーテンが閉《し》められた部屋の中は、ほぼ真っ暗で、薄明《うすあ》かりしか見えません。あるワークショップに集まった八人の参加者が、講師役《こうしやく》の指示《しじ》にしたがって、机《つくえ》の上に置いてあったアイマスクをつけました。

参加者たちは暗闇《くらやみ》の中、おそるおそる声のするほうに手を出して、おたがいに、となりの人の手を探《さが》し合っています。うまくとなりの人の手に出会うと、自然に笑《え》みがこぼれます。

「それでは、これからあるものを一人に一つずつ、わたしが手渡《てわた》していきます。中には同じものもありますが、となりの人とはちがうものを渡《わた》しますよ」

握手《あくしゅ》のあと、講師役《こうしやく》の広瀬浩二郎《ひろせこうじろう》さんは、それぞれの参加者が座《すわ》っている机《つくえ》の間を歩いて、さまざまな形をしたものを配っていきました。

一九六七年生まれの広瀬さんは全盲《ぜんもう》で、まったく目が見えないのですが、参加者が座《すわ》っている机《つくえ》と机《つくえ》の間を、スムーズに動いていきます。じつは、広瀬さんは、あらかじめ机《つくえ》といすの位置をチェックして、どのように動けるか確《たし》かめておいたのです。

「まずは、一人でじっくりさわってみてください。少々乱暴《らんぼう》にさわっても、こわれるものはありません。安心してさわってくださいね」

参加者が配られたものを手に取ると、広瀬さんは、続けて次のような説明を始めました。

「ふつう目で認識《にんしき》するときは、ぱっと見て、すぐにそれがなにかわかると思います。でも、手でさわるときは、両手でゆっくり時間をかけてさわらないと、情報《じょうほう》が得られません。

そして手を動かしながら、これはなんだろうと、ああでもない、こうでもないと考えます。それが目で情報《じょうほう》を得るときと、手で情報《じょうほう》を得るときのちがいです」

「一目瞭然《いちもくりょうぜん》」という言葉があるように、視覚《しかく》（見ること）を使えば、広瀬さんから渡《わた》されたものがなんであるか、すぐに理解《りかい》できるはずです。しかし、アイマスクをした状《じょう》態《たい》では、さわりながら、形や大きさ、素材《そざい》などから一つひとつ考えていかなければなりません。

「見る」と「さわる」の情報《じょうほう》の伝達のしかたのちがいについて、さらに広瀬さんが説明を続けました。

「視覚《しかく》で情報《じょうほう》を伝えるというのはとても便利です。『ほら、これを見てください』とか、『あんな感じですよ』とか。『これ、それ、あれ、どれ』という『こそあど言葉』が使えますね。とても楽に、もっと言えば安易《あんい》に、伝えることができるわけです」

参加者たちも、なるほど、という表情《ひょうじょう》になりました。

「しかし、今日は自分でじっくり考えて、それを言葉で伝えるという作業をしてもらいます。めんどうな作業ですが、その分、記憶《きおく》に残ると思います。

今、自分がどういうものをさわっているか、言葉で情報《じょうほう》を伝達してみてください。

はじめに中島《なかじま》さん（仮名《かめい》）、お願いします」

声をかけられた、中島さんという若《わか》い男子学生が答えます。

「はい。感触《かんしょく》はお手玉みたいだけど、『へた』のようなものがついている感じ……」

「素材《そざい》はなんですか？」

「プラスチックのような……」

「じつは、これと同じものをさわっている人がいると思います。自分がそうだと思う人はいますか？」

広瀬さんの質問《しつもん》に、別の女性《じょせい》が答えました。

「広瀬さんから受け取ったときは、ミカンだと思いました。一つのミカンにネットがかかっている感じなんですけど。そのネットが、毛糸っぽいというか、布《ぬの》にも近いような……。布《ぬの》のメッシュなのかな？　さっき中島さんが言った、『へた』というのも、たしかにあります」

参加者のうちわけは、ボランティア活動をしている若《わか》い女性《じょせい》、社会福祉《ふくし》を専攻《せんこう》している大学生、韓国《かんこく》から留学《りゅうがく》してきている大学生、車いすを使っている女性《じょせい》、出版《しゅっぱん》関係の仕事をしているという年輩《ねんぱい》の男性《だんせい》たちでした。このあとも、広瀬さんから渡《わた》されたものがなにか、それぞれ考えながら発表しました。

あとでアイマスクをはずすと、それらは、木彫《きぼ》りの人形、空《あ》き缶《かん》を利用したアフリカの楽器、マラカスのような遊具など、外国の民芸品でした。ちなみに、中島さんたちがさわったものは、小型の蹴鞠《けまり》でした。

視覚《しかく》を「使えない」のではなく「使わない」体験

広瀬《ひろせ》さんは、このような体験を「暗闇《くらやみ》体験」とよんでいます。各地で暗闇《くらやみ》体験のワークショップを開催《かいさい》するとき、広瀬さんはいつも、はじめに次のようなことを参加者に語りかけます。

「最近、よく学校などで『視覚障害《しかくしょうがい》の体験』と称《しょう》して『目かくし体験』をやっているようです。アイマスクをつけ、白杖《はくじょう》（視覚障害者《しかくしょうがいしゃ》が外出するとき持つ白い杖《つえ》）を持って、だれかといっしょに歩く、というあれです。でも、ぼくはどちらかというと、こういう体験の方法はあまり好きじゃないんです。

ぼくは中学生のときに目が見えなくなって、二十年以上全盲《ぜんもう》で暮《く》らしているんですけど、二十年全盲《ぜんもう》で生活している状態《じょうたい》と、たかだか一時間アイマスクをつけた状態《じょうたい》では、ぜんぜんちがうと思うんですよ。それをアイマスクをして『いっしょだ』って思われると、いろいろと誤解《ごかい》も生じるし、かえって困《こま》るなという気がするんです」

では、広瀬さんは「暗闇《くらやみ》体験」に、なぜあえてアイマスクを使っているのでしょうか。

「考え方が二つあると思うんです。一つは、目かくしをするということで『視覚《しかく》が使えない』という考え方です。もう一つは『視覚《しかく》を使わない』という考え方です」

たしかに、一文字ちがいですが、『使えない』と『使わない』は、ずいぶんちがいます。『使えない』っていうと、たりないものをどうやって補《おぎな》うか、たしてあげればいいかな、という発想になると思うんですけど、『使わない』というと、今度は開き直りです。

使わないかわりにどうするのか、と」

そこで、一般的《いっぱんてき》によく行われている『視覚《しかく》が使えない』アイマスク体験ではなくて、『視覚《しかく》を使わない』アイマスク体験を、広瀬さんは提案《ていあん》しているわけです。

「さわることは楽しかった」

この日のワークショップでは、広瀬《ひろせ》さんはさらに、インクを盛《も》り上げて印刷してある、さまざまな国の国旗を一人一枚《まい》ずつ配りました。参加者それぞれが手でさわって、どの国の国旗なのかを想像《そうぞう》してみます。

日本、アメリカの国旗のように、単純《たんじゅん》だったり、なじみ深いデザインのものは比較的《ひかくてき》すぐにわかりますが、トルコやサウジアラビアなど、複雑《ふくざつ》なデザインの国旗はなかなかわかりません。これは、触覚《しょっかく》がするどいかそうでないかの問題もありますが、国旗のデザインを、細部まで記憶《きおく》しているかどうかも大きな要素《ようそ》です。

ワークショップの最後は、点字をさわって、点の数を指先で感じる体験でした。点字は、フランス人のルイ・ブライユが生み出し、日本でも明治時代《めいじじだい》に、すべてのかなを六つの点で表すように作られたものです（122ページ参照）。

参加者は、広瀬さんの指示《しじ》どおり、点字を一つ、二つと確認《かくにん》していきます。しかし、点の数が多くなればなるほど、指先から伝わる情報《じょうほう》があいまいになります。

ワークショップが終わり、参加した人に感想を聞きました。

「さわることが楽しいと思えました。手と指だけで、ふだんは見えていない距離《きょり》や高さ、質感《しつかん》などが、ありのままに『見えた』からなのでしょうね。同時に、言葉で説明する難《むずか》しさやもどかしさも感じました」

「さわったものを正確《せいかく》に感じるということは、難《むずか》しいものだとわかりました。暗闇《くらやみ》で推測《すいそく》したものと、実際《じっさい》に目で見たときとのギャップに、とてもおどろきました」

「ふだんの生活が、どれだけ視覚《しかく》に頼《たよ》っているかということに気づきました。このワークショップを体験することで、いつもより触覚《しょっかく》、聴覚《ちょうかく》が敏感《びんかん》になり、さわるだけでも、どんな木彫《きぼ》りの人形なのか想像《そうぞう》できました。

そして、暗闇《くらやみ》の世界の中では、広瀬さんの存在《そんざい》がとても心強く、安心してワークショップを楽しむことができました」

「ワークショップの間、チームを組んだ人と、気軽にコミュニケーションをとることができました。視覚《しかく》を使わない状態《じょうたい》の中では、聴覚《ちょうかく》や触覚《しょっかく》などを頼《たよ》りにしながら、さらに、人を信頼《しんらい》しなければならないことがよくわかりました。人と人とのコミュニケーションの大切さを知るうえで、とても役に立つワークショップだと感じました」

博物館からいちばん遠い立場の人たちに来てほしい

広瀬《ひろせ》さんは、大阪府《おおさかふ》吹田市《すいたし》にある、国立民族学博物館《こくりつみんぞくがくはくぶつかん》で働いています。国立民族学博物館《こくりつみんぞくがくはくぶつかん》は、通称《つうしょう》「みんぱく」とよばれていますが、一九七〇年に日本万国博覧会《ばんこくはくらんかい》が開催《かいさい》された、広大な万博公園《ばんぱくこうえん》の中にあります。岡本太郎《おかもとたろう》がデザインした「太陽の塔《たいようのとう》」が、今も高くそびえ立っています。

「毎日、モノレールの駅をおりてから二十分ほどかけて、一人で民博《みんぱく》まで歩いていきます。歩くのはほとんど公園の中なので、車にぶつかる危険《きけん》もないのですが、だだっ広いところを歩くのは、意外に難《むずか》しいものです。目印ならぬ『耳印《みみじるし》』はほとんどないし、ぼけっと歩いていると、いつのまにか方向を失ったり、横道にそれていたりします」

国立民族学博物館《こくりつみんぞくがくはくぶつかん》は、文化人類学や民族学に関する調査《ちょうさ》・研究を行うとともに、世界じゅうに暮《く》らす人びとの生活の道具や、衣服、楽器、乗り物などを収集《しゅうしゅう》し、それらを公開する目的で、一九七九年に開館しました。

「ぼくは、学生時代から何回か来たことがありました。とにかく実際《じっさい》にさわれる展示《てんじ》物《ぶつ》が多かったので、とても楽しかったことをおぼえています。『みんぱく』に勤《つと》めることになったのはたまたまですが、そのときの記憶《きおく》が、就職先《しゅうしょくさき》を決めるきっかけになっていたかもしれませんね」

広瀬さんは、博物館の研究部門に所属《しょぞく》していて、宗教《しゅうきょう》の歴史や文化人類学を研究するのが専門《せんもん》ですが、二〇〇六年に、博物館でとてもユニークな企画展《きかくてん》（あるテーマにそって、期間を区切って行われる展示会《てんじかい》）を企画《きかく》することになりました。

その企画展《きかくてん》のタイトルは『さわる文字《もじ》、さわる世界展《せかいてん》』。

博物館といえば、一般的《いっぱんてき》には、ガラスケースの中に入っている貴重《きちょう》な展示物《てんじぶつ》を「見る」ところです。「見学」や「観覧《かんらん》」という言葉が象徴《しょうちょう》するように、博物館は長い間、視覚《しかく》的《てき》に味わうことを中心にすえてきました。そのため、「見ることができない人びと」は、博物館からもっとも疎外《そがい》された存在《そんざい》になっていました。

展示物《てんじぶつ》を見ることができない人にとっては、単なるガラスケースが置かれているところ、ということしか認識《にんしき》できないわけです。

広瀬さんが企画《きかく》したのは、文字どおり展示物《てんじぶつ》に「さわる」企画展《きかくてん》です。つまり、世界じゅうの歴史的な「さわる文字」や、世界じゅうのさわって楽しいものを集めてみよう、という画期的《かっきてき》な企画展《きかくてん》でした。

広瀬さんの目的は、はっきり決まっていました。

「ユニバーサル・ミュージアムという言葉があります。これは、だれもが楽しめる博物館という意味です。

でも、『だれも』を考え始めると、さまざまな障害者《しょうがいしゃ》、高齢者《こうれいしゃ》、外国から来た人などへの配慮《はいりょ》を検討《けんとう》しなければなりません。残念ながら、ぼく個人《こじん》の能力《のうりょく》、あるいは一つの企画展《きかくてん》では、すべてをカバーすることができません。

それならば、まずは今までの博物館から、いちばん遠いところにいる人に注目してみようと、この企画展《きかくてん》を思い立ったのです」

さわってイメージを「つくる」さわって感覚を「ひらく」

約半年間にわたって開催《かいさい》された『さわる文字《もじ》、さわる世界展《せかいてん》』を企画《きかく》するにあたり、広瀬《ひろせ》さんが心がけたキーワードが、二つありました。

その一つは、「つくる」です。

冒頭《ぼうとう》に紹介《しょうかい》したワークショップでもわかるとおり、視覚《しかく》にくらべ、触覚《しょっかく》(さわること)は、自分の意志《いし》で手を動かしていかないと、全体像《ぜんたいぞう》をつかむのが難《むずか》しいわけです。

しかし、手を前後、左右、上下に動かしていくと、点だった情報《じょうほう》が、やがて線になり、面になり、立体になります。それは、とても知的な作業であり、人間ならではのクリエイティブな世界だと、広瀬さんは言います。

そうした触覚《しょっかく》の力で、だんだんイメージを広げていく作業を、広瀬さんは「つくる」とよんでいるのです。

広瀬さんは、この「つくる」魅力《みりょく》を理解してもらうために、展示場《てんじじょう》の入り口に、かなり大きな神社の模型《もけい》を置きました(111ページ参照)。

これを、遠くから目で見れば、すぐに神社だとわかります。

しかし、手でさわってみるとどうでしょう。木が複雑《ふくざつ》に組み合わされていて、屋根の部分はごわごわした感触《かんしょく》です。触覚《しょっかく》だけで「神社」だと理解《りかい》するのは難《むずか》しいかもしれません。だからこそ、想像力《そうぞうりょく》を総動員《そうどういん》して、さわることでイメージを「つくる」プロセスを大事にしてほしいと考えたのです。

「視覚《しかく》はたしかに便利です。でも、情報《じょうほう》が多すぎて、イマジネーション（想像力《そうぞうりょく》）が不足しがちです」

ここまで紹介《しょうかい》してきたとおり、広瀬さんの考え方や言葉のセンスは、とてもユニークです。さらに広瀬さんは続けます。

「ぼくは、よくいわれる『健常者《けんじょうしゃ》、障害者《しょうがいしゃ》』という言い方は使いません。視覚《しかく》を日《にち》常的《じょうてき》に使っている人を『見常者《けんじょうしゃ》』、ぼくのように、触覚《しょっかく》を日常的《にちじょうてき》に使っている人を『触常者《しょくじょうしゃ》』とよんでいます。

展示会《てんじかい》に来場する人の中で、圧倒的《あっとうてき》に割合《わりあい》の多い『見常者《けんじょうしゃ》』が、ふだん忘《わす》れがちな触《しょっ》覚《かく》のもっている可能性《かのうせい》を、再認識《さいにんしき》することができればと思ったのです」

そして、もう一つのキーワードは、「ひらく」でした。

手をダイナミックに動かして、頭の中のイメージを広げていくのが「つくる」作業だとすれば、「ひらく」作業は、繊細《せんさい》な指の運動から生まれると広瀬さんは言います。

企画展《きかくてん》「さわる文字、さわる世界展《てん》」に展示《てんじ》された、神社の模型《もけい》。

さわって拝《おが》める仏像《ぶつぞう》「ふれ愛《あい》観音像《かんのんぞう》」をさわる広瀬《ひろせ》さん。

『さわる文字《もじ》、さわる世界展《せかいてん》』に参加した人のアンケートに、次のような感想がよせられていたそうです。

「浮《う》き出し絵画《かいが》（さわる絵）が展示《てんじ》されていたので、目をつぶって触《ふ》れてみた。最初はなにがなんだか、まったくわからなかった。

くやしいので、企画展《きかくてん》を一周して、またさわってみた。やはり、わからない。ほかの常設展《じょうせつてん》も見て、帰る前に、もう一度だけさわってみた。まだ、あまりわからない。

でも、なんとなく、一回目と二回目、三回目では、印象がちがった」

わからないけど、一生懸命《けんめい》さわっていると、ぼんやりわかってくる。今まで閉《と》じていた感覚、眠《ねむ》っていた触覚《しょっかく》が「ひらく」瞬間《しゅんかん》がある——。これが、企画展《きかくてん》を開催《かいさい》するにあたって、広瀬さんがねらっていたことだと言います。

触常者《しょくじょうしゃ》として「さわる」ことにこだわり、見常者《けんじょうしゃ》が忘《わす》れがちな世界を開いてくれた広瀬さん。では、広瀬さんの「さわる」体験の原点は、なんだったのでしょうか。

点字で書いたはじめてのラブレター

「点字」は、六つの点ですべての文字や数字を表す、「さわる文字」です。

広瀬《ひろせ》さんがはじめて点字に出会ったのは、小学校六年生のときでした。目の病気で視《し》力《りょく》がだんだん低下してきたため、担任《たんにん》の先生に、「そろそろ点字をおぼえたほうがよいでしょう」と、アドバイスされたそうです。しかし、自分だけが同級生とちがった文字を使うことに抵抗感《ていこうかん》もあり、はじめてさわったときは「こんなの読めるわけない」と思ったそうです。

盲学校《もうがっこう》の中学部に進学した広瀬さんは、本格的《ほんかくてき》に点字をおぼえることになりました。同級生よりスタートが遅《おそ》かった分、点字をさわって読むこと（触読《しょくどく》）の速度がとても遅《おそ》かったそうです。また広瀬さんが点字を書くときは、点字独特《どくとく》のルール（表記法）を無視《むし》して我流《がりゅう》で書いていたので、『きたない点字』と言われたりして、なかなか点字での勉強が進まなかったようです。

ちなみに、手で点字を書くときは、点字器に紙をはさみ、点筆《てんぴつ》（点字を書くときに使う金属製《きんぞくせい》の先がとがっている道具）で書いていきます。

広瀬さんは、そのころのことを、雑誌《ざっし》のエッセイにこう書いています。

「さて、きたない点字を書いていた僕《ぼく》が、ついに『きれいな点字』に目覚める日がやってきた！　そう、ラブレターを書いたのである。中学二年生の終わりに人並《ひとな》みに恋《こい》をして、『まずは僕《ぼく》のことを知ってもらわねば』と点字器に向かった。点字のいいところは、周《まわ》りの晴眼者《せいがんしゃ》には何を読み書きしているかがわからないことだ。わが母親も、急に机《つくえ》に向かって『勉強』を始めた息子《むすこ》を見て喜んでいた。

ラブレターを書くなら、きれいな点字でなくてはと、僕《ぼく》はそれまで無視《むし》していた表記法の『勉強』からスタートした。これしかない！　と決めたときの人間は強い。『勉強』のおかげで、僕《ぼく》は好きな女の子とめでたく文通することになり、徐々《じょじょ》に『きれいな点字』をマスターしていった」

（『眼科《がんか》ケア』二〇〇四年　vol.6 no.6）

こうして点字を読み書きの手段《しゅだん》として使いこなせるようになった広瀬さんは、大学入試も点字による受験を希望しました。

今とちがって、ある大学から「前例がない」という理由だけで、点字受験を認《みと》めてもらえないという悔《くや》しい経験《けいけん》もしましたが、京都《きょうと》大学を点字で受験し、みごと合格《ごうかく》。今では、広瀬さんにとって、点字はなくてはならない大切なものになっています。

点字以前に使われていたさまざまな「さわる文字」

広瀬《ひろせ》さんは、『さわる文字《もじ》、さわる世界展《せかいてん》』に、点字が普及《ふきゅう》する以前に試されていた、さまざまな「さわる文字」を展示《てんじ》することも考えました。

みなさんの中には、「点字以外にも、『さわる文字』なんてあったの？」と、びっくりする人もいるでしょう。

広瀬さんは、自分の母校である筑波《つくば》大学附属盲学校《ふぞくもうがっこう》（今の筑波《つくば》大学附属視覚特別支援《ふぞくしかくとくべつしえん》学校）や、京都《きょうと》府立盲学校《もうがっこう》に保管《ほかん》されている教材を貸《か》し出してもらい、展示《てんじ》することにしました。どれも、点字が普及《ふきゅう》する以前に、実際《じっさい》に盲学校《もうがっこう》で使われていたものです。いったいどんな文字が教えられていたのでしょうか。8〜9ページの写真を見てください。

「折り紙文字《おがみもじ》」は、四角い紙の角の折り方のちがいによって、文字を表していました。「通心玉《つうしんだま》」は、大小二種類のガラス玉を、結び目を境《さかい》にして上下二段《だん》に分けておき、その数によって文字を表します。また、「むすび文字《もじ》」は、ひもの結び目の数とその間隔《かんかく》によって、「いろは」を表す方法です。

これらは、実際《じっさい》の文字を使わずに文字を表現《ひょうげん》する方法ですが、文字そのものをさわって読めるようにする教材も作られました。

たとえば、「こより文字《もじ》」は、こよりで文字の形をつくり、厚紙《あつがみ》の上にのりづけしたものです。「ろう盤文字《ばんもじ》」は、熱で溶《と》かしたろうが固まる前に、字をへらで彫《ほ》り、固まった凹字《おうじ》（へこんだ文字）をさわって読む方法です。ろうは熱で溶《と》けるので、何度でもくり返し使える性質《せいしつ》を生かした教材です。

これとは逆《ぎゃく》に、凸字《とつじ》（盛《も》り上がった文字）を生かした方法として、四×三センチメートルのかわら片《へん》に、文字が浮《う》き出ている「かわら文字《もじ》」、凸字《とつじ》を彫《ほ》った木片《もくへん》に漆《うるし》を塗《ぬ》っている「木刻漆文字《もっこくうるしもじ》」などもありました。

パンフレットの〝ブチブチ〟は「フリーバリア」への招待状《しょうたいじょう》

『さわる文字《もじ》、さわる世界展《せかいてん》』開催中《かいさいちゅう》に配布《はいふ》されたパンフレット（8ページ参照）には、表面に透明《とうめい》な点字が印刷されていました。これには、広瀬《ひろせ》さんのこんな思いがこめられています。

「点字を日常的《にちじょうてき》に使う人は、全国でも三万人程度《ていど》といわれています。そのため、一般《いっぱん》の人向けのパンフレットはどんどんバージョンアップするのに、点字のパンフレットはずっと同じもの、という状況《じょうきょう》をよく見かけます。点字パンフレットのような少数派《しょうすうは》へのサービスは、二の次、三の次にされてしまうのでは悲しいなと思いました」

そこで、広瀬さんは、すべての来館者に、同じパンフレットを持ち帰ってもらおうと考えました。

「たしかに、ふつうに印刷したものの上に、さらに点字を印刷したパンフレットを大量に作るには、それなりのお金がかかりました。

しかし、大多数の点字が読めない人にとって、このパンフレットの〝ブチブチ〟は、暗号になります。手にしたとき、みなさんはどう感じるでしょう。

『邪魔《じゃま》だな』と思う人もいるかもしれませんが、『この凸凹《でこぼこ》はなんだろう？　この点字は、なんと書かれているのだろう』と、好奇心《こうきしん》をもつ人もいるかもしれません。

つまり、パンフレットに印刷されているブチブチに関しては、ふだん世の中の印刷物が読めることの多い＝見常者《けんじょうしゃ》と、読めない＝触常者《しょくじょうしゃ》の立場が、逆転《ぎゃくてん》することになるんです」

広瀬さんは、講演会《こうえんかい》やエッセイなどで、よく「フリーバリア」という言葉を使います。

「バリアフリー」という言葉なら、みなさんも聞いたことがあるでしょう。これは、さまざまな立場の人にとってバリアになっていることを取りのぞき、だれもが使いやすい施設《しせつ》やサービスに変えていくことです。いちばんわかりやすい例は、段差《だんさ》をなくしたり、エレベーターを設置《せっち》するなどのことでしょう。

しかし、広瀬さんは、博物館は、もともと人間の差異《さい》に着目する場であり、異文化《いぶんか》との出会いをプロデュースする場であると考えています。このことから、博物館で、人がふだん使っていない五感の潜在力《せんざいりょく》を引き出すことも、異文化《いぶんか》体験の一つだと言います。

「一人ひとりがそれぞれのちがいを自覚し、おたがいのライフスタイルを異文化《いぶんか》として尊重《そんちょう》すること、そして、異文化《いぶんか》間を自由に行き来し、交流すること。

ぼくは、従来《じゅうらい》の健常者《けんじょうしゃ》・障害者《しょうがいしゃ》といった固定的なイメージを乗《の》り越《こ》えることができる新しい文化の枠組《わくぐ》みとして『フリーバリア』とよんでいるのです」

「バリアフリー」によって、障害者《しょうがいしゃ》の来館数を増《ふ》やすとともに、一般《いっぱん》の人に「フリーバリア」を体験してもらえるような企画展《きかくてん》にしようというのが、広瀬さんが考えた、大きなテーマだったのです。

「点字力」とは創造力《そうぞうりょく》と、柔軟《じゅうなん》な思考力

ところで、二〇〇九年は、点字を考え出したルイ・ブライユの生誕《せいたん》二百年にあたります（122ページ参照）。それに合わせ、ブライユが生まれたフランスをはじめ、世界各国で記念行事が開催《かいさい》されることになっています。

「日常的《にちじょうてき》に使われている漢字、ひらがな、カタカナ、アルファベット、数字、記号類などは、よく考えてみると、なんの脈絡《みゃくらく》もない線の組み合わせになっています。一般《いっぱん》の人は、それを小さいときから勉強するので、自然に使いこなしているわけですが、じつは非常《ひじょう》に複雑《ふくざつ》なものを読み書きしているわけです。

それにくらべると、点字はたった六つの点の組み合わせだけで、世の中のあらゆるものを読んだり書いたりできます。

つまり、少ない材料だけを使って、多くのことが表現《ひょうげん》できるようにくふうする創造力《そうぞうりょく》。

そして、ブライユが、従来《じゅうらい》の「浮《う》き出し文字《もじ》」の世界ではなく、点字を体系化《たいけいか》させたことからわかるように、それまでの常識《じょうしき》にとらわれない柔軟《じゅうなん》な思考力。

こうした力を、ぼくは『点字力』と名づけて、いま企画《きかく》を進めている、新しい企画展《きかくてん》のキーワードにするつもりなんです」

広瀬さんは、わたしたちの中に眠《ねむ》っている、さまざまな感覚や創造力《そうぞうりょく》に気づいていくための、「前例のない」ワークショップや展示会《てんじかい》を、これからもどんどんしかけてくれることでしょう。

コラム

「フランスから世界に広まった点字」

ブライユの発見と、日本の点字

目の見えない人たちが、読み書きに使う「点字」は、いつ、どこで誕生《たんじょう》したのでしょう。さわって読める記号である点字を考え出したのは、フランスのルイ・ブライユです。点字のことを、英語では「ブレイル（braille）」とよびますが、それはブライユの名前からきています。

一八〇九年、ブライユはフランスのクーブレ村で生まれました。父は、馬具《ばぐ》や革靴《かわぐつ》などを作る職人《しょくにん》でした。ブライユは三歳《さい》のとき、父親の工房《こうぼう》で遊んでいて、革《かわ》に穴《あな》をあけるのに使う錐《きり》が目につきささったことが原因《げんいん》で、失明したといわれています。

十歳《さい》のとき、ブライユは、ヴァランタン・アユイという人がパリに創設《そうせつ》した盲学校《もうがっこう》に進学します。そこでブライユは、アユイが考案《こうあん》した、浮《う》き出し文字を使って読書するようになりました。しかし、浮《う》き出しているアルファベットを、一文字、一文字、さわりながら読んでいく方法でしたので、とても時間がかかりました。

その後、さまざまな人が、視覚障害者《しかくしょうがいしゃ》のための文字を発明しては盲学校《もうがっこう》に持ちこんできましたが、生徒たちが実際《じっさい》に試してみると、役に立たないものばかりでした。

一八二一年、ブライユが十二歳《さい》のとき、陸軍《りくぐん》のシャルル・バルビエという大佐《たいさ》が、盲学《もうがっ》校《こう》にやってきました。

バルビエ大佐《たいさ》はもともと、真っ暗な夜でも、兵士が手でさわって命令《めいれい》を読むことができる暗号、「夜の文字」の開発をしていました。そして、それを改良し、視覚障害《しかくしょうがい》のある人が使えるように、新たに「ソノグラフィー」と名づけた方法を盲学校《もうがっこう》で紹介《しょうかい》したのです。

ソノグラフィーは、文字を表すのではなく、フランス語の音《おん》を、十二個《こ》の点と線の組み合わせで表そうとした方法でした。それを試したブライユは、これまでの方法とちがって、点を使っていることにびっくりしました。

盲学校《もうがっこう》の生徒たちは、すぐに、ソノグラフィーを読み書きに使うようになりました。

しかし、ブライユは、だんだん欠点《けってん》にも気づくようになりました。

ソノグラフィーは、音《おん》を表す方法だったので、文字をつづることができませんでした。

また、カンマやピリオドなどの句読点は使えませんでしたし、フランス語に特有《とくゆう》のアクセント記号も、数字も音符《おんぷ》もありませんでした。

そして、いちばん問題だったのは、一つの言葉を表すのに、たくさんの点や線が必要だったことです。全部の記号をおぼえるのもたいへんなら、書くのもたいへんでした。

そこで、ブライユは、バルビエ大佐《たいさ》の方法を改良《かいりょう》してみることにしました。

そして、一八二四年、三年間の試行錯誤《しこうさくご》を経《へ》て、たった六つの点と、小さな線の組み合わせで、文字をはじめ、アクセント記号、句読点、数字などをすべて表す方法を考え出すことに成功《せいこう》しました。ブライユが十五歳《さい》のときのことです。

その後、線は、指で読み取るのには向いていたのですが、書くことが難《むずか》しかったため、線を使わない方法に変えられ、点のみで文字を表すようになりました。

そして一八二九年、ブライユが二十歳《さい》のとき、『点を使って言葉、楽譜《がくふ》、かんたんな歌を書く方法──盲人《もうじん》のためにつくられた盲人《もうじん》が使う本』が出版《しゅっぱん》されます。

しかし、ブライユの点字が、すぐに普及《ふきゅう》したわけではありませんでした。

当時は、まだ一般《いっぱん》の人が使う文字ではなく、点だけで読み書きをするということに対する否定的《ひていてき》な考え方が根強くありました。また、浮《う》き出し文字を使うべきであるという意見のほうが強かったそうです。

じつは、点字も文字の一種であり、視覚障害者《しかくしょうがいしゃ》自身が使いやすいということが理解《りかい》されるようになり、フランスで正式にブライユの点字が採用《さいよう》されたのは、一八五四年のことでした。ブライユが、肺結核《はいけっかく》のため四十三歳《さい》で亡《な》くなった二年後のことなのです。

ブライユが考え出した点字が世界に普及《ふきゅう》していくなかで、日本でも明治《めいじ》時代に、点字を使ってみようということになりました。

日本語の点字をどう作るかについては、さまざまな人が案を出しました。もともとブライユが作った点字は、アルファベットに対応《たいおう》したしくみなので、日本で利用するためには、二十六種類のアルファベットよりも数の多い、かなの数に対応《たいおう》させなければなりません。また、濁音《だくおん》（「ば」「び」など）、半濁音《はんだくおん》（「ぱ」「ぴ」など）、促音《そくおん》（「っ」）も表現《ひょうげん》する必要があります。

六つの点ではたりないということで、点の数を増《ふ》やして、八点、あるいは九点にする案などもありました。

最終的には、六つの点でかなをすべて表現《ひょうげん》できる案が採用《さいよう》されました。これは、東京盲《とうきょうもう》唖《あ》学校の教師《きょうし》だった石川倉次《いしかわくらじ》の案でした。一八九〇（明治《めいじ》二三）年十一月一日のことです。これを記念して、十一月一日は「点字の日」とされています。

石川倉次《いしかわくらじ》の考えた点字のしくみは、百年以上たった現在《げんざい》でも使われているのです。

アイディアで「できない」を「できる」に

盲《もう》ろう者のための「ヘレンケラーホン」

盲《もう》ろう者が使える電話「ヘレンケラーホン」

大阪市《おおさかし》港区《みなとく》にある「手《て》と手《て》とハウス」は、視覚《しかく》と聴覚《ちょうかく》の両方に障害《しょうがい》のある人（盲《もう》ろう者）のための施設《しせつ》です。この日、ここで、ある実験が行われていました。

トレードマークの黒いベレー帽《ぼう》をかぶった長谷川貞夫《はせがわさだお》さんは、建物の外に出て、携帯《けいたい》電話で電話をかけました。

一九三四年生まれの長谷川さんは、まったく目が見えない全盲《ぜんもう》なのですが、ふだんから、最新型のテレビ電話機能《きのう》付き携帯《けいたい》電話を使いこなしています。もちろん、会話をするだけであれば、テレビ電話の機能《きのう》は、長谷川さんにとっては必要ありません。

しかし、長谷川さんは、道に迷《まよ》ったときにまわりの景色《けしき》を写したり、一人でいるとき、自分が見て確認《かくにん》する必要があるものなどを、電話をかけながら携帯《けいたい》電話のテレビカメラに写して、相手の人に目のかわりになって見てもらうこともあるのです。ですから、このテレビ電話付き携帯《けいたい》電話は、なくてはならないものです。

さて、「手《て》と手《て》とハウス」で、長谷川さんが電話をかけた相手は、建物の中にいる田《た》中《なか》さん（仮名《かめい》）という盲《もう》ろう者でした。田中さんは、電話がかかってきたことを知ると、「もしもし」と答えました。

「あれ？ 目が見えないだけでなく、耳も聞こえない田中さんは、どうやって電話がかかってきたことを知り、どうやって電話で『もしもし』と伝えたの？」と、思った人もいるでしょう。

仮《かり》に、みなさんが盲《もう》ろうの人と電話をするときのことを考えてみてください。電話をかけたとしても、その人は、着信の音もあなたの声も、聞くことができないはずです。

じつは、長谷川さんは、この日、自分が考案した、盲《もう》ろうの人が使える電話「ヘレンケラーホン」が実際《じっさい》に使えるかどうか、実験していたのです。

ヘレン・ケラー（一八八〇〜一九六八年）は、伝記の本や映画《えいが》などを通して、みなさんも知っているでしょう。二歳《さい》のときに熱病にかかり、聴力《ちょうりょく》と視力《しりょく》を失ったアメリカの盲《もう》ろうの女性《じょせい》ですね。その「ヘレン・ケラーも使える電話」というわけです。

では、これから、「ヘレンケラーホン」のしくみを、くわしくお話ししていきましょう。

携帯《けいたい》電話の振動《しんどう》の機能《きのう》と点字《てんじ》のしくみを利用

今回の「ヘレンケラーホン」の実験には、「らくらくホン」という携帯《けいたい》電話と、補助《ほじょ》装置《そうち》の「ポケット・ビーブル」を使います。ポケット・ビーブルの大きさは、携帯《けいたい》電話とほとんど同じ大きさです。

携帯《けいたい》電話のイヤホンの差しこみ口とポケット・ビーブルとの間は、ケーブルでつながっています。ポケット・ビーブルからは、ステレオのイヤホンケーブルと同じケーブルが出ています。しかし、その先には二個《こ》のイヤホンではなく、二個《こ》の振動子《しんどうし》がついています。

携帯《けいたい》電話には、かならずバイブレーター機能《きのう》が内蔵《ないぞう》されています。よく電車やバスの中などで、携帯《けいたい》電話をマナーモードに切り替《か》えると、「ブルブル」と振動《しんどう》して、着信を知らせてくれますね。それは携帯《けいたい》電話の中に、振動子《しんどうし》が取りつけられていて、それが回転することで、振動《しんどう》を起こしているのです。

さて、今回の実験では、通話する二人は、それぞれ振動子《しんどうし》を両耳に一個《こ》ずつつけます。携帯《けいたい》電話の中の振動子《しんどうし》からつながっているケーブルを、直径《ちょっけい》約五センチメートルの輪《わ》のようにして耳にかけ、そこに振動子《しんどうし》を下げました。

これで準備《じゅんび》が整いました。「どうやら、目と耳が不自由な盲《もう》ろう者なのだから、声でなく振動《しんどう》で伝えるのだな」と気づいた人もいるでしょう。では、どのようなしくみで振《しん》動《どう》を送れば、会話ができるのでしょうか。

それには、じつは、六つの点で文字を表す「点字《てんじ》」のしくみを使うのです。

まず、発信する側は、携帯《けいたい》電話のボタンを点字に見立てます。133ページの図のように、携帯《けいたい》電話の十個《こ》の数字キーのうちの六個《こ》を、点字の六つの点に見立てるわけです。

たとえば、点字の「あ」は六点のうち、左列の一番上の点で表しますから、対応《たいおう》する携帯電話《けいたいでんわ》の数字のうち「1」のキーを一回押《お》します。そして、その後に点を追加する必要がないため、「確定《かくてい》」の意味で「0」のキーを押《お》します。

すると、受信した人の左耳にかけた振動子《しんどうし》だけが、〇・三秒ぐらいの長さで弱く「ズー」と振動《しんどう》し、その後に二回、〇・一秒ぐらい短く「トン」「トン」と振動《しんどう》します。

左耳にかけた振動子《しんどうし》は、点字の左列に点が打たれたときに振動《しんどう》します。最初の「ズー」という長い振動《しんどう》が、上段《じょうだん》の一点を表わす振動《しんどう》で、あとの「トントン」という短い振動《しんどう》二回は、「中段《ちゅうだん》と下段《げだん》には点がない」という意味です。

では、「い」の場合は、どうなるでしょう。

「い」は点字では「左列上段《じょうだん》」の点と「左列中段《ちゅうだん》」の点で表されますので、それに対応《たいおう》する携帯電話《けいたいでんわ》の「1」キーと「4」キーを押《お》し、確定《かくてい》するための「0」キーを押《お》します。すると、やはり受信した人の左耳にかけた振動子《しんどうし》だけが「ズー」「ズー」「トン」と振動《しんどう》します。これで、「い」という文字を相手に伝えたことになります。

では、「う」はどうでしょう。

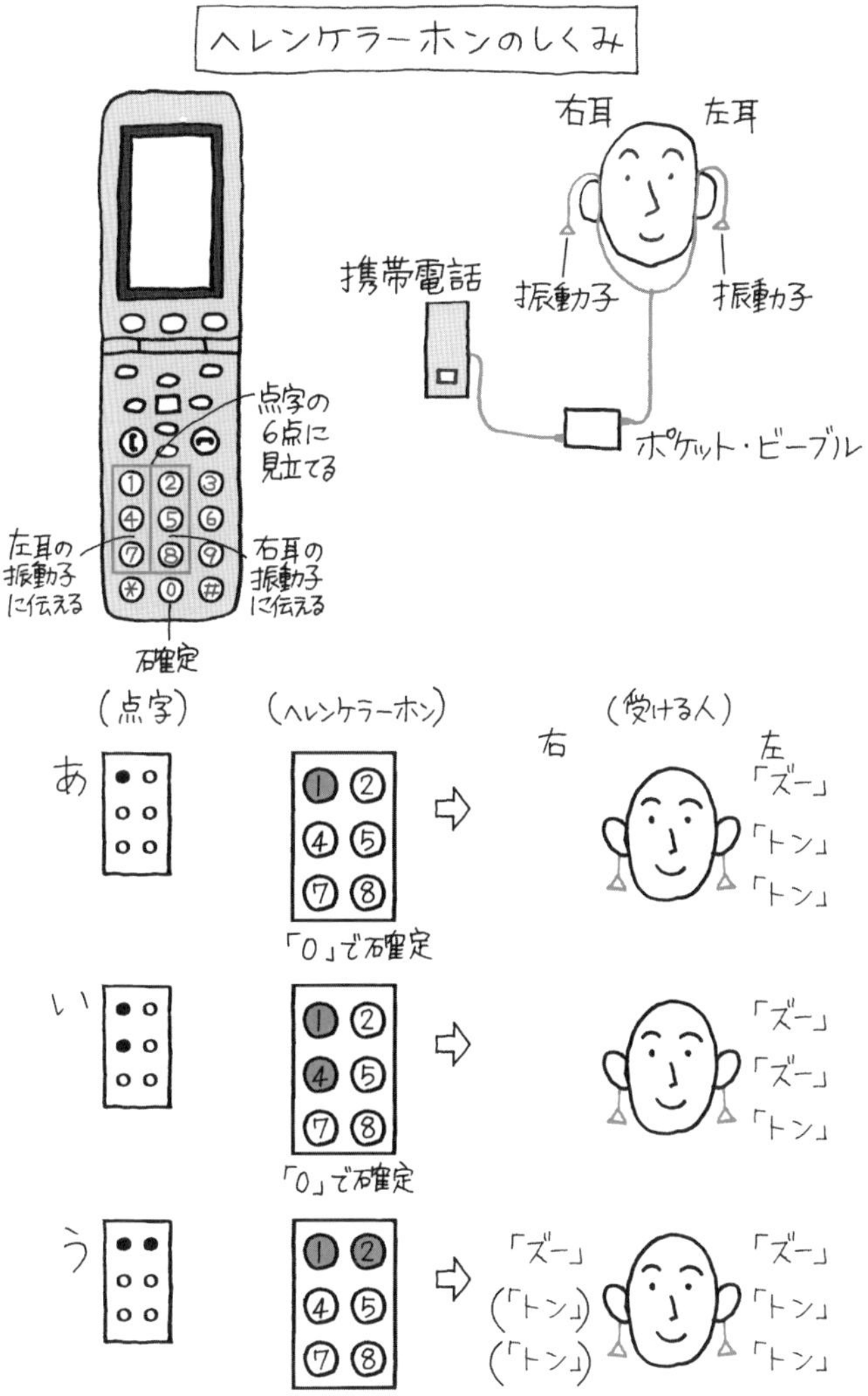
ヘレンケラーホンのしくみ
右耳
左耳
携帯電話
振動子
振動子
ポケット・ビープル
点字の
6点に
見立てる
左耳の
振動子
に伝える
右耳の
振動子
に伝える
確定
（点字）
（ヘレンケラーホン）
（受ける人）
右
左
あ
「ズー」
「トン」
「トン」
「0」で確定
い
「ズー」
「ズー」
「トン」
「0」で確定
う
「ズー」
（「トン」）
（「トン」）
「ズー」
「トン」
「トン」

「う」は点字では「左列上段《じょうだん》」の点と「右列上段《じょうだん》」の点になります。それに対応《たいおう》する携帯《けいたい》電話のキーは「1」キーと「2」キーです。そして、確定《かくてい》の「0」キーを押《お》します。すると、受信した人の左右の耳にかけた振動子《しんどうし》が、今度は同時に「ズー」と振動《しんどう》し、次に左の振動子《しんどうし》だけが「トントン」と振動《しんどう》します。

もちろん、実際《じっさい》には左列にも右列にも点はないので、両耳振動《しんどう》させてもよいのですが、片方《かたほう》だけ振動《しんどう》させれば両方ないことがわかるので、左だけを振動《しんどう》させます。

このようなルールにしたがい、盲《もう》ろう者の田中《たなか》さんは、携帯《けいたい》電話の数字キーを打つことによって、外にいる長谷川《はせがわ》さんに「も・し・も・し」という言葉を伝えることができたのです。

三十数年ぶりの「もしもし」

田中《たなか》さんから、「もしもし」という言葉を受け取ったとき、長谷川《はせがわ》さんはとてもおどろきました。盲《もう》ろう者の田中さんは、電話をかけた経験《けいけん》があるのだろうか、と思ったからです。そこで、長谷川さんが「は・せ・が・わ・で・す」と送信すると、「た・な・か・で・す」と返ってきました。そうしていくつかの言葉をやりとりしました。「ヘレンケラーホン」を使った二人の間に、確実《かくじつ》に会話が成り立つことがわかりました。

施設《しせつ》の中にもどってから、長谷川さんは、通訳《つうやく》を介《かい》して、田中さんに何歳《なんさい》で盲《もう》ろうになったのかたずねました。

すると、田中さんから直接《ちょくせつ》「小学校四年生!」と、大きな声で答えが返ってきました。田中さんは、今は耳が聞こえませんが、まだ耳が聞こえていた子どものころ話していた言葉は、大人になっても話せるのです。そして、電話のやりとりでは決まり文句《もんく》の「もしもし」という言葉をおぼえていたのですね。

田中さんは四十歳代《さいだい》ということなので、小学校四年生のころは、まだプッシュボタン式の電話は一般的《いっぱんてき》ではなく、指先で数字のところを回すダイヤル式の電話の時代でした。田中さんは、いったい何年ぶりで電話をかけたのでしょう。

長谷川さんはそのとき、田中さんのような人が、いつでも、自分の家族や知り合いなど、自由に電話できるようになる必要を強く感じたそうです。

「体の表面で点字を読む」

長谷川《はせがわ》さんが「ヘレンケラーホン」を考えたきっかけは、一九七五年にまでさかのぼります。

当時の通商産業省《つうしょうさんぎょうしょう》(現在《げんざい》の経済産業省《けいざいさんぎょうしょう》)の研究所が、「背中《せなか》に書いたひらがながどこまで読み取れるか」という研究を始めたとき、長谷川さんは実験協力者として参加しました。そのとき、長谷川さんは、背中《せなか》でひらがなをうまく読み取ることは、基本的《きほんてき》に難《むずか》しいと思いました。

しかし、「点字《てんじ》だったら、背中《せなか》、つまり体表《たいひょう》(体の表面)で読めるのではないか」というアイディアが浮《う》かんだのだそうです。それから、そのアイディアを何十年もずっとあたためていました。

点字の読み書きができる視覚障害者《しかくしょうがいしゃ》にとっては、点字はたいへん便利なものですが、最近では病気などで、高年齢《こうねんれい》で視覚障害《しかくしょうがい》になる人が増《ふ》えてきました。

点字は、子どものうちであれば指で読むことを習うのもやさしいのですが、大人になればなるほど、指で読めるようになるのが困難《こんなん》だといわれています。指の感覚で小さな点を読み取るのが難《むずか》しくなっていくからです。その結果、現在《げんざい》では視覚障害者《しかくしょうがいしゃ》の約一割《わり》ほどしか点字を読み書きできないと推計《すいけい》されています。

しかし、長谷川さんは、指先ではなく体の表面という大きな面を使って点字の振動《しんどう》を読み取る、「体表点字」の方式なら、指で小さな点をさわって読み取るよりも、ずっと読みやすいのではないかと考えました。また、指で読む点字では、指が点字に触《ふ》れていないかぎり読むことはできませんが、体表点字なら、点字の信号が電波で体表に伝えられれば、いつでもわかります。

長谷川さんは、このような考えに至《いた》った経緯《けいい》を、次のように言います。

「わたしは、たいへんすぐれた記号である点字のしくみを生かしたいと思っていました。しかし、かならずしもそれを指先で読むのではなく、ワイシャツのボタンより少し大きいくらいの、平たくて振動《しんどう》するもの（振動子《しんどうし》）を震《ふる》わせることで、点字の一点を表《ひょう》現《げん》してはどうかと考えてみたのです」

モールス信号を応用《おうよう》して点字《てんじ》を振動《しんどう》で伝える

そして、長谷川《はせがわ》さんは、「体表点字《たいひょうてんじ》」のしくみを考え始めました。

最初、共同研究者と六個《こ》の振動子《しんどうし》を体に装着《そうちゃく》することから実験を始めました。Ｔ《ティー》シャツの背中《せなか》に、左右それぞれ縦《たて》に三個《こ》ずつ、六個《こ》の振動子《しんどうし》を十二センチメートルくらい離《はな》してつけ、振動《しんどう》した点の位置で点字がわかるようにしようという試みでした。

ところが、実際《じっさい》には、ボタンほどの大きさの振動子《しんどうし》を六つ、点字の形に同じ距離《きょり》にして背中《せなか》などにつけることは、とても難《むずか》しい作業でした。

なんとかもっと便利にならないものかと試行錯誤《しこうさくご》をくり返していた長谷川さんは、ある朝、突然《とつぜん》気づきました。

「そうか。点字の左右の列それぞれ三つの点を、左右に一点ずつに省略《しょうりゃく》すればいいんだ！」

長谷川さんが考えたのは、次のようなことです。

背中《せなか》には、点字の点を表す、丸い形のものが縦《たて》に三個並《こなら》んでいるわけです。視覚的《しかくてき》・触覚的《しょっかくてき》にとらえれば、丸い形のものが縦《たて》に三個並《こなら》んでいるわけですが、この縦《たて》の三個《こ》を音で表すとすると、ラジオや電話の時報《じほう》のように「ピッ」「パッ」「ポーン」のような三種類の音で表現《ひょうげん》できます。または「ブル」「ブルブル」「ブルブルブル」という三種類の振動《しんどう》におきかえても同じです。

この場合、音で伝えるならスピーカーが、振動《しんどう》で伝えるなら振動子《しんどうし》が、縦《たて》に三つなくても一つあれば、時間をおいて音や振動《しんどう》を三個《こ》、送ればよいわけです。つまり、点の距離《きょり》の長さを、時間の長さにおきかえるのです。

ヘレン・ケラーのような盲《もう》ろうの人は音は聞こえないわけですから、「丸い形のものが縦《たて》に三個並《こなら》んでいる」ことを、「ブル」「ブルブル」「ブルブルブル」という三種類の振動《しんどう》の種類で伝えればわかるはずです。

そして、点字は六点ですから、この振動《しんどう》するものを、たとえば右手と左手とか、左右に分け、それぞれ三種類の振動《しんどう》を使えば、六点を表現《ひょうげん》できるのです。

この「左右に分けてそれぞれ三つの振動《しんどう》」というアイディアが、「ヘレンケラーホンの、左右の耳にかけた振動子《しんどうし》の三回の振動《しんどう》」に結びついたわけです。

長谷川さんはもともと、アマチュア無線や漁業無線などで現在《げんざい》も使われている、短点と長点の組み合わせのみの単純《たんじゅん》な符号《ふごう》で構成《こうせい》されている、モールス符号《ふごう》の原理を応用《おうよう》することから思いついたそうです。

印刷された本や新聞が自由に読めるように

長谷川《はせがわ》さんは、幼《おさな》いときから弱視《じゃくし》でしたが、「網膜色素変性症《もうまくしきそへんせいしょう》」という目の病気のため、中学生のころから視力《しりょく》が落ち始め、高校生のとき、盲学校《もうがっこう》に転校しました。そこで点字と出会って以来、ずっと点字を使い続けています。

盲学校《もうがっこう》に入った長谷川さんが最初に驚《おどろ》いたのは、点字の教科書が、その種類もわずかで、値段《ねだん》も、普通《ふつう》高校の教科書とくらべて二十倍以上も高い値段《ねだん》だったことです。

思い切って生徒会でその問題を訴《うった》えたところ、大きな反響《はんきょう》をよび、あっという間に全国の盲学校《もうがっこう》で点字教科書を求める運動が起こりました。これがきっかけとなって、一九五六年には、盲学校《もうがっこう》高等部の点字教科書が、ほぼすべて発行されるようになったそうです。ちなみに、現在《げんざい》では、盲学校《もうがっこう》に通う視覚障害《しかくしょうがい》のある児童生徒《せいと》の点字教科書は、無償《むしょう》で配られるようになっています。

長谷川さんは、点字に直されたかぎられた情報《じょうほう》だけでなく、目の見える人が読んでいるふつうの文字（墨字《すみじ》）が印刷された一般《いっぱん》の本や新聞・雑誌《ざっし》などからも、あらゆる情報《じょうほう》を自由に獲得《かくとく》したいという思いを、人一倍もっていました。

その後、母校である盲学校《もうがっこう》の先生になった長谷川さんは、あるとき、高等部の生徒を引率《いんそつ》し、社会科見学として新聞社の見学に行きました。

コンピュータが普及《ふきゅう》する以前、新聞社では、手書きの原稿《げんこう》からすばやく印刷用の活字の組版《くみはん》を作るために、まず記者が書いた原稿《げんこう》を、キーパンチャーとよばれる人が紙テープに入力し、信号として記録していました。文字のかわりに、幅《はば》二センチメートルほどの紙テープに小さな穴《あな》をあけ、穴《あな》の並《なら》び具合で文字を表していたのです。長谷川さんが見学したのは、「モノタイプ」とよばれる機械で、その紙テープの情報《じょうほう》から、二秒に三本ぐらいの速さで活字が作られ、文章の通りに並《なら》んでいくしくみだったのです。

一九六六年当時、このような新聞を作るしくみを知り、長谷川さんは生徒の引率《いんそつ》という立場も忘《わす》れてしまうくらい、興奮《こうふん》してしまったと言います。

「この新聞を作るしくみと同じような原理を使えば、点字から直接《ちょくせつ》、墨字《すみじ》の新聞ができてしまうのではないか！」

同時に、次のようなことにも気づきました。

「逆《ぎゃく》に、新聞を自動的に点訳《てんやく》する(墨字《すみじ》を点字に変える)こともできるのではないか！」

今では、パソコンのソフトウェアを使って、これらの処理《しょり》が簡単《かんたん》にできるようになっていますが、当時、まだコンピュータが一般的《いっぱんてき》でない時代のことで、とても画期的《かっきてき》な考え方でした。

そして、長谷川さんは、一九八一年、漢字を処理《しょり》できるパソコン（それまでのパソコンは「かな」しか処理《しょり》できなかった）が発売されると同時に、視覚障害者用《しかくしょうがいしゃよう》のワープロを開発することに成功しました。その技術《ぎじゅつ》は、現在《げんざい》でもパソコンのソフトウエアとして引きつがれ、多くの視覚障害者《しかくしょうがいしゃ》がパソコンを使って仕事をしたり、研究をしたりできるようになっています。

視覚障害者《しかくしょうがいしゃ》はタッチパネルは使えない

わたしたちはさまざまなＩＴ《アイティー》技術《ぎじゅつ》の進展《しんてん》によって、生活を便利で快適《かいてき》なものに変化させてきました。しかし、かならずしも便利になったものばかりではなく、むしろ新しい技術《ぎじゅつ》のせいで、それまで使えていたものが使いにくくなってしまう場合もあります。

たとえば、駅で切符《きっぷ》を買ったり、銀行でお金をおろしたりするときに、機械に取りつけられた液晶《えきしょう》画面をタッチして操作《そうさ》することが多くなっています。

ところが、視覚《しかく》に障害《しょうがい》のある人にとって、液晶《えきしょう》画面のタッチ操作《そうさ》はたいへん不便です。ボタンのように出っぱった形をしていれば、指でさわって確認《かくにん》することができるので操作《そうさ》しやすいのですが、「タッチパネル」とよばれるこのシステムでは、平らな画面にボタンの絵が描《えが》かれているだけなので、全盲《ぜんもう》の人であればまったく使えません。また、弱視《じゃくし》の人には見づらくて、押《お》しまちがえてしまうことも少なくありません。

長谷川《はせがわ》さんは、パソコンやデジタル技術《ぎじゅつ》が人びとの生活に役立つことを願っていますが、その一方でこのような問題点があきらかになったときには、すぐに問題提起《ていき》をし、関係者に改善《かいぜん》を求めていく行動力をもっています。

たとえば、一九九五年に、ある鉄道会社が切符《きっぷ》の券売機《けんばいき》の操作《そうさ》を、押《お》しボタン式からタッチパネル式に変更《へんこう》しました。これは、タッチパネルにしたほうが、料金が改定になった場合にソフトウェアを入れかえるだけですむことや、従来《じゅうらい》のボタン式の機械にくらべて故障《こしょう》が少ないことが理由といわれています。

ところが、視覚《しかく》に障害《しょうがい》のある人にとっては、使えない、あるいは使いづらくなってしまうため、長谷川さんたちは、タッチパネルのとなりに、電話と同じ配列の「テンキー」（数字のみを入力するキー）をつけてほしいと要望を出しました。

長谷川さんが「電話と同じ」とわざわざ要望したわけは、電卓《でんたく》やパソコンのテンキーの数字配列は、電話と異《こと》なるからです。みなさんも、電卓《でんたく》やテンキーのあるパソコンなどが身近にあったら、ぜひ確認《かくにん》してみてください。電話の数字ボタンは上から三つずつ、「1、2、3」と並《なら》んでいますが、電卓《でんたく》やパソコンのテンキーなどでは、「0」の上に、「1、2、3」、その上が、「4、5、6」と並《なら》んでいます。

駅によって、電話式の配列と電卓式《でんたくしき》の配列が混在《こんざい》していると、視覚障害《しかくしょうがい》の人がまちがえてしまう可能性《かのうせい》が高いからです。

こうした要望の結果、その鉄道会社の切符《きっぷ》の券売機《けんばいき》には、券売機《けんばいき》の左下に、電話と同じ配列のテンキーがつけられました。たとえば一六〇円の切符《きっぷ》を買う際《さい》、テンキーを

「1」「6」「0」と押《お》せばよいわけです。

点字《てんじ》がついていても視覚障害者《しかくしょうがいしゃ》には使えないATM《エーティーエム》

一九九〇年代後半から、コンビニエンスストアに、現金自動預《げんきんあず》け払《ばら》い機（ATM《エーティーエム》）が設置《せっち》されるようになってきました。二十四時間開いているコンビニエンスストアにA《エー》TM《ティーエム》が設置《せっち》されれば、銀行が閉《し》まったあとでも、お金を引き出したり、振《ふ》りこんだりすることができるのでとても便利です。

あるコンビニエンスストアに、はじめてATM《エーティーエム》が導入《どうにゅう》されたころ、長谷川《はせがわ》さんは、さっそく利用してみることにしました。

その機械には、カードを入れる口に点字《てんじ》で「カード」と書かれていて、お札《さつ》を取り出す口には、点字で「シヘイ」と書かれていました。これなら使えるだろうと思った長谷川さんは、さっそくキャッシュカードを挿入口《そうにゅうぐち》に入れてみました。ところが、暗証《あんしょう》番号を入力しようと思ったとき、入力画面はタッチパネルになっていたのです。

長谷川さんは、そのときの気持ちを次のように書いています。

「金額《きんがく》とカードの暗証《あんしょう》番号を入力しなければお金は引き下ろせない。数字は、タッチパネル画面に横一列に描《えが》かれたキーを押《お》すのである。視覚《しかく》がなくて、全《まった》く平らな画面の数字キーをどうして押《お》せるだろうか。暗証《あんしょう》番号は、人に教えられないものである。

この機械の設置者《せっちしゃ》は、点字がついていても、視覚障害者《しかくしょうがいしゃ》がこの機械を使えないことまで気づいているのだろうか」

銀行の社長との約束《やくそく》

もし、視覚障害者《しかくしょうがいしゃ》も使えるATM《エーティーエム》が、街のどこにでもあるコンビニエンスストアにあれば、こんなに便利なことはありません。

そんなか、二〇〇一年に、大手コンビニエンスストアのチェーンが、新しい銀行をスタートさせることを知った長谷川《はせがわ》さんは、当時の社長あてに手紙を送りました。ぜひ

ATM《エーティーエム》をバリアフリー化し、すべての店舗《てんぽ》に共通して設置《せっち》してほしいという内容《ないよう》でした。

当時の社長からは、「すぐには実現《じつげん》できないが検討《けんとう》する」という返事がありました。

そして、その「約束」は果たされることになりました。

二〇〇七年から、その銀行のATM《エーティーエム》は、視覚障害《しかくしょうがい》のある利用者向けに開発されたソフトウェアで、テンキーを用いて利用できるようになったのです。

まず、受話器を取ると音声ガイダンスが流れます。利用者はその指示《しじ》にしたがって電話と同じ配列のテンキーを押《お》していくだけで、引き出し、預《あず》け入れ、残高照会《ざんだかしょうかい》などができるようになりました。そして、このATM《エーティーエム》は、全国のコンビニエンスストアや駅構内《こうない》などに、一万三千台以上も設置《せっち》されています。

最近では、社会全体に「バリアフリー」「ユニバーサルデザイン」という考え方が普《ふ》及《きゅう》してきました。その結果、新しい機械類や設備《せつび》を設置《せっち》する際《さい》には、さまざまな立場の人が実際《じっさい》に使いやすいかどうかを、導入《どうにゅう》する前にあらかじめ検証《けんしょう》する体制《たいせい》をとるようになってきています。

しかし、視覚障害者《しかくしょうがいしゃ》が使いにくかったり、危険《きけん》を感じている設備《せつび》は、まだまだたくさんあります。

長谷川さんは、地下鉄のホームに、転落防止《ぼうし》用のホームドアができたと聞けば検証《けんしょう》しに出かけ、問題点をレポートしたりしています。長谷川さんがインターネット上で公開している「バリアフリー・リポート」は、今でも頻繁《ひんぱん》に更新《こうしん》されているのです。

ルイ・ブライユとモールスの業績《ぎょうせき》をつないでいくこと

長谷川《はせがわ》さんは、二〇〇八年五月、長年にわたる行動力とアイディアが認《みと》められて「第十回ありのまま自立大賞」を受賞しました。この賞は、仙台《せんだい》にある「社会福祉《ふくし》法人ありのまま舎《しゃ》」が主催《しゅさい》しているもので、全国の障害者《しょうがいしゃ》の自立支援《しえん》活動に尽《つ》くしている人に贈《おく》られる賞です。

長谷川さんは、受賞式の席で、次のようなスピーチをしました。

「わたしがもっとも尊敬《そんけい》する人はルイ・ブライユです。点字を今から約百八十年前に発明した人ですが、悲劇的《ひげきてき》にも、自分の点字が世の中に認《みと》められる前に亡《な》くなってしまいました。

また、現在《げんざい》は、まさにテレビ、携帯《けいたい》電話、インターネットなどで代表されるIT《アイティー》時代ですが、その先駆《さきが》けとなった人は『モールス信号』の発明で有名なモールスです。

モールスは、一八三七年に最初の通信の実験を行いました。

このモールスの実験よりも十二年前にルイ・ブライユが発明した点字の本質《ほんしつ》は、『目で文字を読めない視覚障害者《しかくしょうがいしゃ》に、光を使わないで指の触覚《しょっかく》で文字を伝える』という方法でした。

一方、モールスが発明したモールス信号の本質《ほんしつ》は、『遠く離《はな》れていて文字を伝えられない人に、同じその時間に文字を伝える』という方法でした。

この十二年という年月の間に生まれた二つの発明を、現在《げんざい》のコンピュータ時代においてこそ、はじめてつなぐことができるようになったのだと思います。

わたしの考えたその応用《おうよう》の一つが、盲《もう》ろう者用携帯《けいたい》電話『ヘレンケラーホン』です」

長谷川さんが歩いてきた長い道のりは、視覚《しかく》に障害《しょうがい》のある人がどうすれば自由に情報《じょうほう》を得たり、自分の思いを伝えることができるのかという課題に、真っ向から取り組んできた歴史だといってもよいでしょう。そして、解決《かいけつ》の鍵《かぎ》をにぎってきたのは、長谷川さんの柔軟《じゅうなん》な発想力から生み出される、数々のアイディアであったと思います。

長谷川さんは、今日も、どこかの駅や施設《しせつ》にバリアフリーをうたった設備《せつび》ができたり、スーパーやコンビニエンスストアなどで新しいサービスが開始されたと聞くと、さっそく白い杖《つえ》をつきながら出かけていき、自分の手と足と耳を使って、使い勝手の検証《けんしょう》を続けています。

コラム

「盲ろう者とのコミュニケーション」

他者との交流を失わないために

視覚《しかく》と聴覚《ちょうかく》の両方に障害《しょうがい》のある人のことを、「盲《もう》ろう者」とよびます。

盲《もう》ろう者は、日本全国に一万から二万人ほどいるといわれていますが、正確《せいかく》な人数はまだよくわかっていません。

一口に「盲《もう》ろう」といっても、その見え方や聞こえ方の程度《ていど》によって、「全盲《ぜんもう》ろう」（まったく見えず、まったく聞こえない人）、「全盲難聴《ぜんもうなんちょう》」（まったく見えず、少し聞こえる人）、「弱視《じゃくし》ろう」（少し見えて、まったく聞こえない人）、「弱視難聴《じゃくしなんちょう》」（少し見えて、少し聞こえる人）の四つのタイプに分けられます。

どのタイプにも共通しているのは、見えない（または見えにくい）、聞こえない（または聞こえにくい）ために、自分の周囲から情報《じょうほう》を得たり、他の人とコミュニケーションをとることに、大きなバリアがあるということです。

盲《もう》ろう者として世界ではじめて大学教授《きょうじゅ》になった福島智《ふくしまさとし》さんは、次のように語っています。

「18歳《さい》で、視力《しりょく》に続いて聴力《ちょうりょく》も失ったわたしは、他者とのコミュニケーションがまったくとぎれてしまったように感じました。これは魂《たましい》が凍《こお》るような日々でした。やがて「指点《ゆびてん》字《じ》」などによってコミュニケーションをとりもどすことができました。そのとき、ほんとうにつらいのは「見えないこと」や「聞こえないこと」そのものではなく、他者との心の交流が消えてしまうことだと確信《かくしん》しました」(『ユニバーサルデザインってなに?』あかね書房《しょぼう》)

福島さんの言葉の中にある「指点字」をはじめ、盲《もう》ろう者はさまざまな方法を使って、他の人とのコミュニケーションを図《はか》っています。

指点字は、読み手の左右三本ずつの指(人差し指・中指・薬指)を直接《ちょくせつ》たたいて、点字の文字を表します。まるでパソコンのキーボードをたたいているように見えます。第四章でも述《の》べたように、点字は六つの点で一つの文字を表すので、指を六本使うわけです。

福島さんは大学で授業《じゅぎょう》をしたり、講演《こうえん》をするとき、自分の声で語ります。しかし、学生や講演《こうえん》を聞いている人からの質問《しつもん》を、自分の耳で聞くことができません。また、講演会《こうえんかい》にどれくらいの人数が集まっているとか、講演中《こうえんちゅう》、たとえば福島さんが冗談《じょうだん》を言ったときの反応《はんのう》も、自分ではわかりません。

そこで、福島さんの隣《となり》にいる通訳《つうやく》の人が耳のかわりになって、学生の質問《しつもん》を指点字で伝えます。また、目のかわりになって、その場の状況《じょうきょう》を「五十人ぐらいいる」とか「受けた」などと、指点字で福島さんに伝えています。

ほかにも、手話《しゅわ》の形を手でさわって読み取る「触手話《しょくしゅわ》」、盲《もう》ろう者の手のひらに文字を書いて伝える「手書き文字」があります。この手書き文字は、初心者でも比較的簡単《ひかくてきかんたん》にできるという長所がありますが、時間がかかるため、あまり多くの情報《じょうほう》を伝えられないという短所もあります。

ここにあげたいずれの方法も、話し手や通訳者《つうやくしゃ》が盲《もう》ろう者の近くにいる必要があります。第四章で紹介《しょうかい》した「ヘレンケラーホン」がすぐれているのは、かならずしも話し手や通訳《つうやく》者《しゃ》が、盲《もう》ろう者の近くにいなくてもコミュニケーションがとれるという点にあります。

おたがいが携帯《けいたい》電話と補助装置《ほじょそうち》を持ち、点字のしくみさえおぼえていれば、遠く離《はな》れたところで直接《ちょくせつ》コミュニケーションがとれるわけです。

自分らしさを失わないために

ここちよさを生み出す科学

雑《ざつ》音《おん》がすべて聞こえたら？

みなさんは、電車に乗ったとき、どんな音が聞こえていたか、思い出せますか？

まず電車が駅のホームから発車するとき、合図《あいず》の音や音楽が流れます。そして、電車のドアが閉《し》まるときは、「シュー」という音がします。

線路を電車が走っている間「ガタンガタン」という音が連続して聞こえてきますし、次の駅に近づいてくると、駅名を告げるアナウンスが流れる場合もあります。

車内では、人の話し声のほかに、だれかの携帯《けいたい》電話の着信音、MP3《エムピースリー》プレーヤーのイヤホンから漏《も》れた「シャカシャカ」といった音が聞こえてくるかもしれません。

でも、たとえば、隣《となり》の席に友だちが座《すわ》っていて、友だちと会話をしている間は、それらの音は聞こえてきますか？　自然に友だちの声に集中しているので、まわりの雑《ざつおん》音は あまり気にならない人がほとんどだと思います。

しかし、まわりから聞こえてくる雑《ざつおん》音や騒《そうおん》音を無《む》視《し》することができず、たくさんの音がいっぺんに聞こえてしまって、とてもストレスを感じてしまう人がいることが知られています。

たくさんの人の顔がいっぺんに入ってきてしまう

「じつは今日集まっている五十人くらいの人の顔をざっと拝見《はいけん》しましたけれど、一年後とか二年後とかに、どこかの駅で見かけた瞬間《しゅんかん》に、『ああ、○年○月のどこどこの研究会に来てた人だ』と思い出して、突然《とつぜん》話しかけてしまうかもしれませんが、おどろかないでくださいね」

東京《とうきょう》都内で開かれた研究会でこう話すのは、もびぃさん（仮名《かめい》）。彼女《かのじょ》は、子どものころから自分の性格《せいかく》にちょっと変わったところがあるという自覚が少しあったそうですが、大人になってから専門家《せんもんか》の診断《しんだん》を受ける機会があり、「アスペルガー症候群《しょうこうぐん》」という診断《しんだん》を受けたそうです。

「アスペルガー症候群《しょうこうぐん》」（174ページ参照）とは、自閉症《じへいしょう》（64ページ参照）のうち、言葉の遅《おく》れも知的障害《ちてきしょうがい》も見られないタイプの人たちのことを、こうよんでいます。他人との交流やコミュニケーションがうまくいかなかったり、想像力《そうぞうりょく》のはたらき方が多くの人とちがうことなどが、特徴《とくちょう》だとされています。

もびぃさんは、目から入った情報《じょうほう》が人よりも強く知覚されるという特性《とくせい》をもっているため、はじめて会った人の顔もすぐにおぼえてしまうのだそうです。そう聞くと、すごく便利な能力《のうりょく》のように思えますが、もびぃさんは続けてこう言っています。

「あまりにも視覚的《しかくてき》な情報《じょうほう》が入ってきやすいので、逆《ぎゃく》に必要なときに記憶《きおく》がすぐに取り出せなくて、苦労することのほうが多いんです。

たとえば、『ウォーリーをさがせ！』という絵本を知っていますか？　ページいっぱいにたくさんの人が描《えが》かれていて、ウォーリーがどこにいるかを探《さが》させる絵本ですよね。わたしの場合、絵本を見た瞬間《しゅんかん》に、すべての人の顔がいっぺんに入ってきてしまって、なにがなんだかわからなくなってしまうんです」

また、もびぃさんには、苦痛《くつう》に感じてしまう音の種類もあるそうです。

「たとえば犬の鳴き声だとか、男の人がどなっている声を聞くと、パニック状態《じょうたい》になってしまうことがあります。赤ちゃんや子どもの声なども、苦手なほうですね」

もびぃさんは犬が大好きなのだそうです。それなのに、鳴き声にはどうしても過敏《かびん》に反応《はんのう》してしまい、苦痛《くつう》を感じてしまうのです。

多くの人が聞き流せる音や、見逃《みのが》せる画像《がぞう》がすべて入ってきてしまうと、自分でコントロールができない状況《じょうきょう》になってしまうことがあります。

人によって感じ方がちがう「読みやすさ」や「ここちよさ」

もびぃさんは、その日、会場に一冊《さつ》の本を持ってきていました。

「本って、多くは白い紙に黒いインクで印刷されていますよね。でも、この本は紙がクリーム色で、文字の色がこげ茶色で印刷されています。そのことで、わたしにとってはとても読みやすい本になっているんです。

なぜかというと、白い紙と黒い文字というのは、わたしにとっては刺激《しげき》が強すぎるんです。『白い地はまぶしすぎるし、黒い字は黒く見えすぎる』と言えばいいのかもしれません。それが、クリーム色とこげ茶なら、コントラストがやわらいで、不快《ふかい》にならずに見ていられるんです。それで、こういう本がもっと増《ふ》えてくれるといいなあと思っています」

しかし、じつは、もびぃさんとはまったく正反対のほうが、見やすいという人たちもいます。

視覚《しかく》に障害《しょうがい》があって見えにくい、弱視《じゃくし》の人にとっては、白と黒のように、コントラストがはっきりしている本のほうが好まれる傾向《けいこう》があるのです。

ですから、同じ「見えやすい」といっても、それがどんなものかは、人によってまったくちがうというわけです。

「アスペルガー症候群《しょうこうぐん》」に関する正しい情報《じょうほう》がとても少ない

もびぃさんは、研究会の参加者に、こんな質問《しつもん》もしました。

「みなさんの中で、これまでにアスペルガー症候群《しょうこうぐん》という言葉を聞いたことがある人は手を挙《あ》げてもらえますか？」

三分の二以上の人が手を挙《あ》げるのを確《たし》かめると、もびぃさんは、つけ加えました。

「もしかして、新聞やテレビなどの犯罪報道《はんざいほうどう》の中で、この言葉を耳にしたという人がいらっしゃいますか？」

じつは、もびぃさんが、こんな質問《しつもん》をしたのには理由がありました。

近年起こったいくつかの少年犯罪《はんざい》などについて、一部の新聞や雑誌《ざっし》などが、事件《じけん》の容《よう》疑者《ぎしゃ》のプロフィールを伝える中で、アスペルガー症候群《しょうこうぐん》という言葉が使われて報道《ほうどう》されているからです。

しかし、アスペルガー症候群《しょうこうぐん》の人が、実際《じっさい》に犯罪《はんざい》をおかす件数《けんすう》が多いといった事実はありませんし、もし仮《かり》に、容疑者《ようぎしゃ》がアスペルガー症候群《しょうこうぐん》と診断《しんだん》されていたとしても、その特性《とくせい》と犯罪《はんざい》との関連性《かんれんせい》があるとはいえません。犯罪《はんざい》が起きた理由は、個々《ここ》のそれぞれの条件《じょうけん》や場合を考えずに、ひとくくりの言葉にして論《ろん》じることができるものではないはずだからです。

逆《ぎゃく》に、新聞や雑誌《ざっし》などで、センセーショナルな話題としてアスペルガー症候群《しょうこうぐん》が取り上げられてしまったことで、その診断《しんだん》をされている多くの人が偏見《へんけん》をもたれ、傷《きず》ついてしまった面も、否定《ひてい》できなくはありません。

そのために、自分の特性《とくせい》について、世間にカミングアウト（公表）できなくなった人もいます。もぴぃさんの場合も、母親には話しているものの、知り合いにはカミングアウトできないでいるのが現状《げんじょう》だそうです。

「わたしたちの場合、外見からはまったくわからないので、『天然ボケ』みたいなキャラクターを演《えん》じながら、かくしている人が多いと思います」

しかし、社会全体がアスペルガー症候群《しょうこうぐん》について正しく理解《りかい》をもつようになれば、もびぃさんたちも、周囲の人にもっと自分のことを語ることができ、必要なサポートを自然に求めていくことができるようになるはずなのです。

「自分探《さが》し」に明け暮《く》れた日々

また、もびぃさんはこんなことも話してくれました。

「アスペルガー症候群《しょうこうぐん》という診断《しんだん》を受けてから、自分でそれを受け止めるまでには、難《むずか》しいものがありました。病院を変えては何度も検査《けんさ》をし、そのたびに同じ診断《しんだん》が出てしまうことに対して、どうしても納得《なっとく》がいかなかったのです」

もびぃさんは、そうしたくり返しのあと、「自分はいったいなにができて、なにができないんだろう」と一人で悩《なや》み、いわゆる「自分探《さが》し」の旅が始まってしまったといいます。引きこもりのような状態《じょうたい》のまま、その「自分探《さが》し」の旅は、二年くらい続いたそうです。

そして、そんな経験《けいけん》ののち、もびぃさんは、同じアスペルガー症候群《しょうこうぐん》と診断《しんだん》された人たちの自助グループに参加するようになります。そこで、もびぃさんは、とても救《すく》われた気持ちになったと話します。

「自問自答をくり返してきたこととは関係なく、生きにくさや困難《こんなん》さを、気がねなくぶつけあえる仲間ができたことで、ずいぶんと気が楽になりました」

同じような困難《こんなん》さをかかえた人と出会えたことは、自分の生きにくさや困難《こんなん》さをふつうに語り、まわりの人に遠慮《えんりょ》することなく過《す》ごせるという、ごくあたりまえのことをもたらしてくれたのかもしれません。

自閉症《じへいしょう》スペクトラムの人には感覚過敏《かんかくかびん》な人がいる

さて、もびぃさんの話の中に、視覚《しかく》や聴覚《ちょうかく》に、人一倍過敏《かびん》なところがあるというエピソードがありました。

これらは、じつは多くの自閉症《じへいしょう》スペクトラム（176ページ参照）の人に見られる傾向《けいこう》だということがわかっています。

アスペルガー症候群《しょうこうぐん》と診断《しんだん》された人の中には、教室や職場《しょくば》の天井《てんじょう》にある蛍光灯《けいこうとう》が気になってしまう人がいます。じつは蛍光灯《けいこうとう》というのは、非常《ひじょう》に速い速度で点滅《てんめつ》しているのですが、一般《いっぱん》の人は気づきません。しかし、感覚が過敏《かびん》なタイプの人にとっては、蛍光《けいこう》灯《とう》の点滅《てんめつ》が気になってしまって集中できず、人によっては、それが原因《げんいん》で不登校や出社拒否《きょひ》になってしまうケースもあるそうです。

自閉症《じへいしょう》スペクトラムの人には、人によって、まったく異《こと》なったさまざまな形で、嗅覚《きゅうかく》、味覚、触覚《しょっかく》、皮膚《ひふ》感覚、それぞれに過敏《かびん》なところや、逆《ぎゃく》に鈍感《どんかん》なところが見られることがわかっています。

これは、もびぃさんと逆《ぎゃく》の例で、視覚《しかく》が鈍感《どんかん》なケースにあたりますが、人の顔のちがいを見分けるのを苦手にしているアスペルガー症候群《しょうこうぐん》の人がいます。

一般的《いっぱんてき》に、子どもは生後まもない新生児の段階《だんかい》から、人の顔に興味《きょうみ》をもつといわれています。赤ちゃんは「人見知り」するといわれますが、それは、人の区別ができてきている証拠《しょうこ》でもあるわけです。

ところが、自閉症《じへいしょう》スペクトラムの人の中には、この顔の区別をつけるのが苦手な人がいるわけです。

たとえば、映画《えいが》を見るのが苦手だというアスペルガー症候群《しょうこうぐん》の人の話では、場面が変わったときなど、顔が見分けられないために、同じ登場人物なのに髪型《かみがた》がちがうだけで別人だと思ってしまうのだそうです。そのため話がつながらなくて、映画《えいが》が楽しめないというのです。ですから、その人にとっては、マンガやアニメーションのように、登場人物がいつも同じ髪型《かみがた》や同じ服装《ふくそう》で登場すると、話がつながってわかりやすいそうです。

なぜ感覚の過敏《かびん》は起こるのか

では、なぜアスペルガー症候群《しょうこうぐん》などの自閉症《じへいしょう》スペクトラムが起こるのか、じつは、まだはっきりしたことはわかっていないのです。

古くは、ひどい誤解《ごかい》がされていて、心の病気だと思われたり、また母親の育て方に原《げん》因《いん》があるといわれた時期さえありました。しかし今では、生まれつき脳《のう》のどこかに、なんらかの障害《しょうがい》があるためであるということが、わかりつつあります。

東京《とうきょう》大学先端《せんたん》科学技術《ぎじゅつ》研究センターの近藤武夫《こんどうたけお》さんは、一九七六年生まれの研究者です。

もびぃさんをはじめ、さまざまな自閉症《じへいしょう》スペクトラムの人や、学習障害《しょうがい》（LD《エルディー》）の人に関する研究をしていて、そうした障害《しょうがい》のある人が、日常《にちじょう》生活のさまざまな場面で、どのような困難《こんなん》や不便さがあるのかを調査《ちょうさ》しつづけています。

そして、脳神経心理学《のうしんけいしんりがく》などの研究でわかってきたことを応用《おうよう》しながら、なぜそのような生活上の困難《こんなん》さが生まれてしまうのかを考えることで、そのメカニズムをあきらかにするとともに、その人たちを支援《しえん》する方法を開発することを目指しています。

近藤さんは、自閉症《じへいしょう》スペクトラムの人の多くが感じている感覚過敏《かんかくかびん》について、次のような説明をしています。

「わたしたちは、ふだん目や耳、鼻、それに皮膚《ひふ》などの感覚器官を通じて、自分をとりまく環境《かんきょう》からさまざまな刺激《しげき》を受けています。

それらの刺激《しげき》が一度に入ってきたときも、多くの人は無意識《むいしき》のうちに必要な刺激《しげき》を選んで、あるものは受け入れ、あるものはブロックして受け入れないようにしています。

その結果、たとえば、ざわついた教室の中でも、先生の声だけが意識《いしき》されて、ほかのざわめきは、さほど気にせずにいられます。

多くの人では、このように必要な刺激《しげき》を受け入れ、そうでないものをブロックするメカニズムが、じょうずに働いていることが多いので、それほど不快《ふかい》な気持ちをいだくことが少ないのです。

ところが、自閉症《じへいしょう》スペクトラムの人たちには、そのメカニズムがうまくはたらかない人がいて、ときにパニック状態《じょうたい》になったり、不快《ふかい》な気持ちにおちいってしまう場合があるようです」

近藤さんは、さまざまな実験や聞き取り調査《ちょうさ》などから得た研究結果をもとに、どのよ

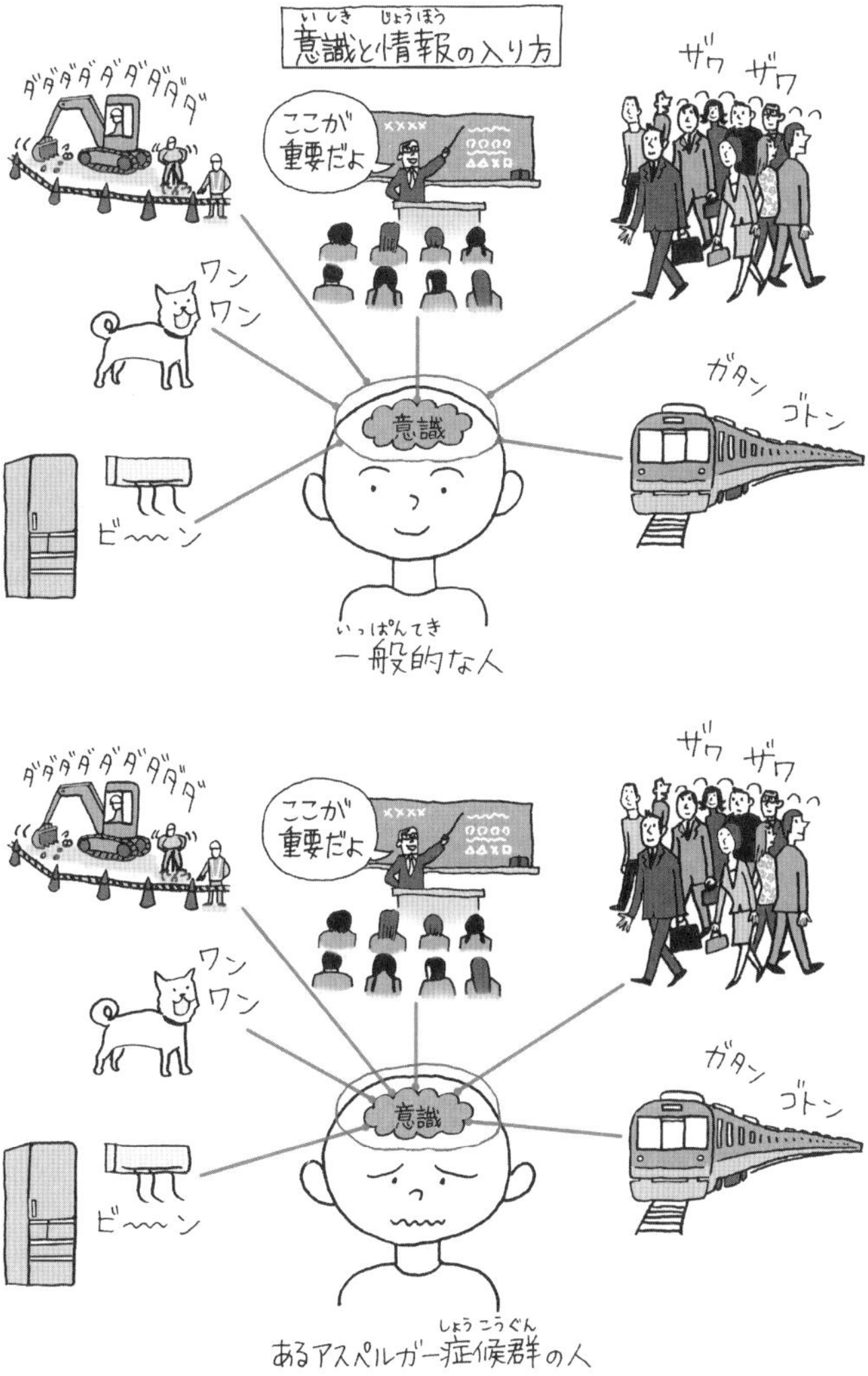
意識《いしき》と情報《じょうほう》の入り方
ダダダダダダダダダ
ここが重要だよ
ザワ ザワ
ワン ワン
ガタン ゴトン
意識
ビ〜〜ン
一般的《いっぱんてき》な人
ダダダダダダダダダ
ここが重要だよ
ザワ ザワ
ワン ワン
ガタン ゴトン
意識
ビ〜〜ン
あるアスペルガー症候群《しょうこうぐん》の人

うな方法をとれば、実際《じっさい》に、少しでも不快《ふかい》な要素《ようそ》をとりのぞいていくことができるのかをテーマにしています。

たとえば、音に感覚過敏《かんかくかびん》のある人に、耳栓《みみせん》やヘッドホンなどの利用をすすめてみることもあります。

その人の障害《しょうがい》の原因《げんいん》や特徴《とくちょう》をさぐるだけではなく、もう一方で、その人が暮《く》らす環境《かんきょう》のほうをくふうして、不便に感じることや、不快《ふかい》に感じることを軽減《けいげん》したり、取りのぞいたりしていこうという考え方があります。

これは、アスペルガー症候群《しょうこうぐん》の人への支援《しえん》だけでなく、近藤さんが日常的《にちじょうてき》に接《せっ》している、さまざまな障害《しょうがい》のある人への支援《しえん》に関係する姿勢《しせい》でもあるのです。

ところで、脳《のう》のもっとも前方に位置する領域《りょういき》には、「前頭前野《ぜんとうぜんや》」があります。前頭前《ぜんとうぜん》野《や》は、不快《ふかい》な情報《じょうほう》を抑制《よくせい》する機能《きのう》にかかわっているということが知られているので、この部位に流れる血流がどのような変化をするかを調べることで、抑制《よくせい》する機能《きのう》のはたらきに、アスペルガー症候群《しょうこうぐん》のある人と、そうではない人とのちがいがあるのかどうかを調べることができます。

そこで近藤さんは、音に関する感覚過敏《かんかくかびん》が、どのような脳《のう》のメカニズムで発生しているのかを調べるために、一般《いっぱん》の人六人とアスペルガー症候群《しょうこうぐん》という診断《しんだん》を受けた人六人に、実験の対象《たいしょう》になってもらい、実際《じっさい》に、いろいろな音を聞いてもらったのです。そして、そのときの脳《のう》の活動のようすを測定《そくてい》しました。

音の種類としては、発泡《はっぽう》スチロールをこすりあわせる音、鍵《かぎ》の束《たば》をチャラチャラとさせる音、純音《じゅんおん》（ピーというだけのなんのひねりもない音）の三種類を用意しました。

すると、この研究の結果、アスペルガー症候群《しょうこうぐん》の診断《しんだん》を受けた人たちでは、その人が不快《ふかい》だと感じる音を聞いているときに、前頭前野《ぜんとうぜんや》の血流量が増《ふ》えることがわかりました。

ところが、アスペルガー症候群《しょうこうぐん》の診断《しんだん》を受けていない人たちに、比較《ひかく》のために研究に協力してもらったところ、逆《ぎゃく》に不快《ふかい》であるほど、前頭前野《ぜんとうぜんや》の血流量が減少《げんしょう》することがわかりました。

一般《いっぱん》の人たちとアスペルガー症候群《しょうこうぐん》の人たちでは、不快《ふかい》な刺激《しげき》を抑制《よくせい》する機能《きのう》のはたらきに、ちがいがありそうなことがわかってきました。

その人自身が感じているものごとを見ていく

近藤《こんどう》さんが、こうした研究を行う目的は、実際《じっさい》にアスペルガー症候群《しょうこうぐん》の人たちが、不《ふ》快《かい》な思いをしているときに、どのような対処《たいしょ》が効果的《こうかてき》なのかを調べていくためです。

近藤さんは言います。

「わたしは、研究者として、これまで難《むずか》しかった『ここちよさ』や『不快《ふかい》さ』といった主観的な感情《かんじょう》を、科学的に調べることに挑戦《ちょうせん》しています。近年、実験方法の進化などにより、脳《のう》の中で起こっていることの一部を観察することができるようになり、こうした主観的な心のはたらきを、脳《のう》のはたらきを介《かい》して推測《すいそく》することができるようになってきています。

しかし、わたしの目的からすれば、そのような研究に取り組むことは、車でいうと両輪の片方《かたほう》にあたります。

もう片方《かたほう》の車輪としては、研究でわかったことだけでその対象《たいしょう》となった障害《しょうがい》のある人を判断《はんだん》せず、障害名《しょうがいめい》だけからはわからない、一人ひとりの生活や思いと向き合うことが大事だと思っています。もびぃさんのようにアスペルガー症候群《しょうこうぐん》の人や、さまざまな学習障害《しょうがい》のある人、一人ひとりとお話ししたり相談にのったりしていくなかで、いっしょにそれぞれの人に合った支援《しえん》の方法を考えていきたいと思っています」

近藤さんが心がけていることは、障害名《しょうがいめい》にこだわらず、その人自身が感じているものごとを見ていくことだと言います。

近藤さんは、自閉症《じへいしょう》スペクトラム障害《しょうがい》や学習障害《しょうがい》など、さまざまな障害《しょうがい》があることで、今、自分が暮《く》らしている環境《かんきょう》を生きる上で大きな困難《こんなん》さを感じている人たちが、自分らしさを失わずに、豊《ゆた》かな生活を送れるように、支援《しえん》する方法について研究を続けています。その研究を通してもっとも大事にしているのは、自閉症《じへいしょう》スペクトラム障害《しょうがい》や学習障害《しょうがい》のある当事者といっしょに考え、話し合い、取り組んでいくことなのです。

コラム

「さまざまな特徴《とくちょう》をもつ自閉症《じへいしょう》の人たち」

アスペルガー症候群《しょうこうぐん》・自閉症《じへいしょう》スペクトラム

「アスペルガー症候群《しょうこうぐん》」という言葉の「アスペルガー」というのは、人の名前です。オーストリアの小児科医《しょうにかい》ハンス・アスペルガーは、自分のクリニックで診察《しんさつ》した子どもの何人かに、ある共通する特徴《とくちょう》を見つけました。それを一九四四年、論文《ろんぶん》の中に「自閉的《じへいてき》精神病質《せいしんびょうしつ》」として発表しました。

その子どもたちは、さまざまな自閉的《じへいてき》な傾向《けいこう》をもっていましたが、言語能力《のうりょく》や、知的能《ちてきのう》力《りょく》は低くないことが特徴《とくちょう》でした。

たとえば、鉄道の時刻表《じこくひょう》など特定のことがらにだけ、限定的《げんていてき》にはげしく興味《きょうみ》をもったり、文法や言葉自体は正しいのに、ひとりごとのような一本調子の話し方をするといった特徴《とくちょう》が紹介《しょうかい》されていました。

しかし、アスペルガーはその論文《ろんぶん》をドイツ語で書き、また第二次世界大戦中だったこともあって、この説が広く知られることはありませんでした。

彼《かれ》が亡《な》くなった翌年《よくとし》の一九八一年、自閉症《じへいしょう》の娘《むすめ》をもつ母親でもあるイギリスの児童精神《じどうせいしん》科医《かい》ローナ・ウィングは、自分が研究していた自閉症《じへいしょう》の子どもたちの特徴《とくちょう》が、アスペルガーの報告《ほうこく》していた事例に似《に》ていたため、「アスペルガー症候群《しょうこうぐん》」と名づけて、論文《ろんぶん》を発表しました。それ以来「アスペルガー症候群《しょうこうぐん》」がしだいに世界中に知られるようになりました。

ウィングが、自分が診察《しんさつ》していた子どもたちとアスペルガーが記述《きじゅつ》していた子どもたちに共通していると考えたのは、次の三つの障害《しょうがい》があることでした。

（1）社会性《しゃかいせい》の障害《しょうがい》（他人との交流がスムーズにいかない）
（2）コミュニケーションの障害《しょうがい》（言葉の使い方がうまくいかない）
（3）想像力《そうぞうりょく》の障害《しょうがい》（目に見えないものを思いうかべることが苦手だったり、特定のものだけにこだわりが強い）

ウィングの業績《ぎょうせき》とされているのは、それまで「自閉症《じへいしょう》」という診断《しんだん》が、言葉に遅《おく》れがあったり、重い知的障害《ちてきしょうがい》をもつ人だけにあてはめられていたのを、アスペルガーの論文《ろんぶん》を紹介《しょうかい》することで、言葉に遅《おく》れがなく、知的障害《ちてきしょうがい》のない人にまで広げたことです。

そうした流れを受けて、最近では、「自閉症《じへいしょう》スペクトラム」（165ページ参照）という言い方をするようになってきました。

一般《いっぱん》に「虹《にじ》は七色」といわれますが、実際《じっさい》には、虹《にじ》のスペクトル（英語ではスペクトラム）は、どこまでが赤色でどこまでが橙色《だいだい》と区切られているのではなく、連続体です。このように、はっきりとは区切れない、さまざまな特徴《とくちょう》のある自閉症《じへいしょう》の人がいるということを「スペクトラム」という言葉で表しています。

自閉症《じへいしょう》スペクトラムの中でも、言葉の遅《おく》れはあるが、知的障害《ちてきしょうがい》のない自閉症《じへいしょう》の人のことを「高機能自閉症《こうきのうじへいしょう》」とよび、言葉の遅《おく》れも知的障害《ちてきしょうがい》もない自閉症《じへいしょう》の人のことを「アスペルガー症候群《しょうこうぐん》」とよんでいます。

高機能自閉症《こうきのうじへいしょう》の人のように、言葉の遅《おく》れがある場合は、たいてい幼《おさな》いころに親が発見し、病院などで診断《しんだん》を受けることがほとんどです。しかし、アスペルガー症候群《しょうこうぐん》の人の場合は、言葉の遅《おく》れがないことから、まわりの人が気づかなかったり、自覚がない人のほうが多いといわれています。

しかし、ウィングがあげた三つの障害《しょうがい》のいずれかをもっているために、日常生活《にちじょう》においても、家族や友人、職場《しょくば》の同僚《どうりょう》など、周囲の人との間に、いじめやコミュニケーション上の摩擦《まさつ》が起きたり、孤立《こりつ》してしまうなど、本人にとってはたいへん苦しく、つらい思いをしていることが多いのです。

まず、わたしたちはアスペルガー症候群《しょうこうぐん》の人たちのつらさ、苦しさを、正しく理解《りかい》していき、そのうえで、実際《じっさい》に不便《ふべん》なところの援助《えんじょ》をしていくことが大切なのではないでしょうか。

おわりに

本をだれでも楽しめるものにしたい

わたしが気ままな大学生活を送っていた、三十年ほど前のことです。ひょんなことから、ボランティアサークルの仲間たちと、大学の近所にある盲学校《もうがっこう》を訪《おとず》れることになりました。

盲学校《もうがっこう》の中学生たちは一人ひとり、自分が読みたいと思っている本を大事そうに抱《かか》えて待っていてくれました。わたしたちに読みたい本を託《たく》し、カセットテープに吹《ふ》きこんでもらおうというわけなのです。

わたしはその中の一冊を下宿に持ち帰りました。四畳半《よじょうはん》のアパートでカセットデッキを前にその本を読み、録音したテープを後日、彼《かれ》らに渡《わた》しました。学生が素人《しろうと》だてらに朗読《ろうどく》したものであるにもかかわらず、そのときの生徒さんたちの輝《かがや》くような笑顔《えがお》は、今でも忘《わす》れることができません。

この活動がきっかけとなって、その後、たくさんの視覚障害《しかくしょうがい》のある人と知り合いになりました。卒業後《そつぎょうご》、本の編集者《へんしゅうしゃ》になったわたしは、自分がつくった本の話をしても、視覚障害《しかくしょうがい》のある友人にはすぐに読んではもらえないことに気づきました。そして「どうしたら自分の友人にすぐに読んでもらえる本がつくれるのだろうか」と考え始めました。

その後、視覚障害《しかくしょうがい》だけでなく、発達障害《はったつしょうがい》や知的障害《ちてきしょうがい》の人など、さまざまな立場の人が本を読んだり、情報《じょうほう》を得たり、コミュニケーションをとることに不便を感じていることを知り、読書や出版《しゅっぱん》の「ユニバーサルデザイン」を考えるため、出版《しゅっぱん》関係の仲間たちと研究会を始めました。

じつはこの本をまとめるきっかけになったのは、その研究会を通して知り合った人たちとの出会いです。伊藤啓《いとうけい》さん、藤澤和子《ふじさわかずこ》さん、広瀬浩二郎《ひろせこうじろう》さん、もびぃさん、近藤武夫《こんどうたけお》さんには、それぞれ研究会で講演《こうえん》もしていただきました。

また、長谷川貞夫《はせがわさだお》さんは、以前からいつかくわしいお話をゆっくりうかがいたいと思ってきた一人で、今回、念願がかないました。

そして、じつは、わたしが大学時代に朗読《ろうどく》テープを渡《わた》した中学生のうちの一人が、広瀬浩二郎《ひろせこうじろう》さんです。研究会で二十数年ぶりに再会《さいかい》することになりました。

この本で紹介《しょうかい》した人たちからのメッセージは、ふだんなにげなく日々の情報《じょうほう》を受け取っているわたしたちに、情報《じょうほう》を「わかりやすく」伝えることや、「ここちよさ」を生み出していくことの大切さを気づかせてくれます。

そして、どの人にも共通していると思うのは、世の中の多数派《たすうは》の動きや、常識《じょうしき》とされていることだけに合わせていくのではなく、自分なりの発想や、少数派《しょうすうは》の人たちの感覚を大切にし、目の前の問題を解決《かいけつ》しながら、同時になにか新しいものを生み出していこうとするオリジナリティの持ち主だということです。

最後になりましたが、編集《へんしゅう》を担当《たんとう》していただいた井上《いのうえ》かほるさん、土師睦子《はじむつこ》さんに感謝《かんしゃ》申し上げます。

この本を出版《しゅっぱん》ＵＤ《ユーディー》研究会を支《ささ》えてくれているスタッフのみなさんに捧《ささ》げます。

二〇〇九年　二月

成松《なりまつ》　一郎《いちろう》

参考文献

第1章　色の見え方は人それぞれ

●『出版のユニバーサルデザインを考える』（出版UD研究会編、読書工房）
●『ユニバーサルデザインってなに?』（成松一郎著、あかね書房）
●『色彩心理学入門―ニュートンとゲーテの流れを追って』（大山正著、中公新書）

第2章　ピクトグラムで伝わる思い

●『視覚シンボルでコミュニケーション　日本版PIC活用編』（藤澤和子編著、ブレーン出版）
●『光とともに…―自閉症児を抱えて』（戸部けいこ、秋田書店）
●株式会社コムフレンド（ソフトウエア「ピクトプリント」）http://www.com-friend.co.jp/

第3章　触覚がひらく豊かな世界

●『だれもが楽しめるユニバーサル・ミュージアム―"つくる"と"ひらく"の現場から』（国立民族学博物館監修、広瀬浩二郎編著、読書工房）
●伝記・世界を変えた人々8『ブライユ』（ビバリー・バーチ著、乾侑美子訳、偕成社）

第4章　アイディアで「できない」を「できる」に

●視覚障害とユビキタス社会―テレサポートNET http://www5d.biglobe.ne.jp/~sptnet/
●『盲ろう者への通訳・介助―「光」と「音」を伝えるための方法と技術』（全国盲ろう者協会編著、読書工房）

第5章　自分らしさを失わないために

●『出版のユニバーサルデザインを考える』（出版UD研究会編、読書工房）
●『自閉症スペクトル―親と専門家のためのガイドブック』（ローナ・ウィング著、久保紘章・清水康夫・佐々木正美訳、東京書籍）
●『高機能自閉症・アスペルガー症候群入門―正しい理解と対応のために』（内山登紀夫・水野薫・吉田友子編、中央法規出版）

成松一郎（なりまつ・いちろう）

1961年神奈川県横須賀市生まれ。出版社勤務を経て、2004年読書工房を設立。障害のある人へのサポートや、図書館・読書に関わる書籍などを発行。また、NPO法人バリアフリー資料リソースセンター事務局長として、多様なニーズのある読者と著者・出版社との橋渡しを目指している。著書に『ユニバーサルデザインってなに？』（あかね書房）などがある。

カバー・本文イラスト●丸山誠司
本文イラスト●おちあやこ
デザイン●諸橋藍（釣巻デザイン室）
写真提供●カラーユニバーサルデザイン機構、正明堂印刷、愛育社、全日本手をつなぐ育成会、伊藤啓、秋田書店、日本PIC研究会、藤澤和子、国立民族学博物館、筑波大学附属視覚特別支援学校、広瀬浩二郎、近藤武夫
図版作成●村上文

ドキュメント・ユニバーサルデザイン
五感の力でバリアをこえる
わかりやすさ・ここちよさの追求

2009年 3月20日　第1刷発行
2023年12月31日　第7刷発行

著者　成松一郎
企画・編集　有限会社 読書工房
発行者　中村 潤
発行所　大日本図書株式会社
〒112-0012
東京都文京区大塚3-11-6
電話 03-5940-8678（編集）、8679（販売）
振替 00190-2-219
受注センター 048-421-7812
印刷　錦明印刷株式会社
製本　株式会社若林製本工場

ISBN978-4-477-01994-9 NDC369

©2009 I.Narimatsu *Printed in Japan*
本書の一部あるいは全部を無断で複写複製することは、法律で認められた場合を除き著作権の侵害となります。

「ユニバーサルデザイン」という
ことばを知っていますか？

もともと…

アメリカのロン・メイスという研究者が提唱したことばで
製品や建物などをデザインするときに
あらかじめいろいろな立場の人を想定し
できるだけ多くの人が使いやすいようにくふうしようという
考え方をあらわしています。

たとえば？

駅は毎日いろいろな人が乗り降りする公共の場です。
目の見えない人、見えにくい人、
耳が聞こえない人、聞こえにくい人、
車いすを使っている人、ベビーカーを押しているお母さん、
杖をついたお年寄り、妊娠している人、
日本語があまりわからない外国人…。
だれもが利用しやすい駅をつくろうと考えたとき
あなたならどんなくふうをするでしょうか。

そして！

ユニバーサルデザインという考え方は
製品や建物だけを対象にしているのではありません。
情報やサービスなど目に見えないものについても
ユニバーサルデザインを考えることができます。

ドキュメント UD

**「ドキュメント・ユニバーサルデザイン」では
いろいろな立場から、ユニバーサルデザインを目指して
さまざまなくふうをしている人たちの物語をご紹介します。**

ドキュメント UD ドキュメント・ユニバーサルデザイン

くごうえり・著

だれもが使えるものづくり

くらしを豊かにするために

千年続く漆塗りのうつわから、おもちゃやキッチン用品まで。
できるだけ多くの人たちが使いやすいように
身近なものに「ＵＤ」の精神を生かしている人たちがいます！

●

成松一郎・著

五感の力でバリアをこえる

わかりやすさ・ここちよさの追求

視覚、聴覚、嗅覚、味覚、触覚。
五感のどれかが不自由でも、他の感覚をとぎすまして
「ＵＤ」の精神を生かしてここちよく生きていける方法があります！

●

清水直子・著

自分らしく働きたい

だれもが自信と誇りをもって

障害があったり、リストラにあったり。
困難にぶつかっても、「ＵＤ」の精神で力をあわせ乗り切ろうと
くふうをしている人たちがいます！

●

保井隆之・著

みんなが主人公の学校

学校はみんなでつくる場所

生徒と先生と保護者、みんながアイデアを出しあい
子どもたちが明るく、元気に通える学校をつくる。
そこにあるのは「ＵＤ」の精神でした！

四六判・フランス装　定価各 1680 円（税込）大日本図書

ドキュメント UD ドキュメント・ユニバーサルデザイン

藤田康文・著

もっと伝えたい

コミュニケーションの種をまく

だれもがわかりやすい新聞、バリアフリー映画
拡大読書器、脳波で意思を伝える最新機器など
コミュニケーションにもさまざまな「ＵＤ」があります！

●

星野恭子・著

伴走者たち

障害のあるランナーをささえる

目の見えない人、義足の人、知的障害のある人。
「走りたい」と思っている人たちと、ともに走る人たちがいます。
それが「伴走者」。あなたも、伴走者になれます！

●

中和正彦・著

一人ひとりのまちづくり

神戸市長田区・再生の物語

阪神・淡路大震災から復興をとげた神戸。
その陰に隠された、一人ひとりの物語がありました。
いま、日本各地のまちづくりに「ＵＤ」はかかせません！

●

三日月ゆり子・著

旅の夢かなえます

だれもがどこへでも行ける旅行をつくる

旅に出たいけど、障害のある私でも大丈夫かな？
大丈夫、できるだけ多くの夢をかなえるために
いろいろな旅をプランニングする人たちがいます！

四六判・フランス装　定価各 1680 円（税込）大日本図書